# 아름다움에 관하여

정암고전총서 03

# 아름다움에 관하여
ΠΕΡΙ ΤΟΥ ΚΑΛΟΥ

---

플로티누스

송유레 옮김

아카넷

정암고전총서는 윤독의 과정을 거쳐 책을 펴냅니다.
아래의 정암학당 연구원들이 『아름다움에 관하여』 원고를 함께 읽고
번역에 도움을 주셨습니다.
김선희, 김유석, 김인곤, 허민준

## '정암고전총서'를 펴내며

 그리스·로마 고전은 서양 지성사의 뿌리이며 지혜의 보고다. 그러나 이를 한국어로 직접 읽고 검토할 수 있는 원전 번역은 여전히 드물다. 이런 탓에 우리는 서양 사람들의 해석을 수동적으로 수용하는 처지를 완전히 극복하지 못하고 있다. 사상의 수입은 있지만 우리 자신의 사유는 결여된 불균형의 문제를 안고 있는 것이다. 이런 상황은 우리의 삶과 현실을 서양의 문화유산과 연관 지어 사색하고자 할 때 특히 심각한 문제를 야기한다. 우리 자신이 부닥친 문제를 자기 사유 없이 남의 사유를 통해 이해하거나 해결하는 것은 거의 불가능하기 때문이다. 우리의 문제에 대한 인문학적 대안이 때로는 현실을 적확하게 꼬집지 못하는 공허한 메아리로 들리는 것도 그런 이유 때문일 것이다.

 한 공동체에서 살아가는 사람들이 자신들의 생각과 말을 나누며 함께 고민하는 문제와 만날 때 인문학은 진정한 울림이 있는 메아리가 될 수 있다. 이것은 우리가 우리의 현실을 함께 고민하는 문제의식을 공유함으로써 가능하겠지만, 그조차도 함께 사유할 수 있는 텍스트가 없다면 요원한 일일 것이다. 사유를 공유할 텍스트가 없을 때는 앎과 말과 함이 분열될 위험에 노출될 수 있기 때문이다. 이런 점에서 진정한 인문학적 탐색은 삶의 현실이라는 텍스트, 그리고 생각을 나눌 수 있는 문헌 텍스트와 만나는 이중의 노력에 의해 가능할 것이다.

현재 한국의 인문학적 상황은 기묘한 이중성을 보이고 있다. 대학 강단의 인문학은 시들어 가고 있는 반면 대중 사회의 인문학은 뜨거운 열풍이 불어 마치 중흥기를 맞이한 듯하다. 그러나 현재의 대중 인문학은 비판적으로 사유하는 인문학이 되지 못하고 자신의 삶을 합리화하는 도구로 전락하는 경향이 없지 않다. 사유 없는 인문학은 대중의 욕망을 충족시키기 위해 소비되는 상품에 지나지 않는다. 정암고전총서 기획은 이와 같은 한계상황을 극복할 수 있는 기본적인 토대를 마련하고자 하는 절실한 문제의식에서 시작되었다.

정암학당은 철학과 문학을 아우르는 서양 고전 문헌의 연구와 번역을 목표로 2000년 임의 학술 단체로 출범했다. 그리고 그 첫 열매로 서양 고전 철학의 시원이라 할 『소크라테스 이전 철학자들의 단편 선집』을 2005년도에 펴냈다. 2008년에는 비영리 공익

법인의 자격을 갖는 공적인 학술 단체의 면모를 갖추고 플라톤 원전 번역을 완결한다는 목표 아래 지금까지 20여 종에 이르는 플라톤 번역서를 내놓았다. 이제 '플라톤 전집' 완간을 눈앞에 두고 있는 시점에 정암학당은 지금까지의 시행착오를 밑거름 삼아 그리스·로마의 문사철 고전 문헌을 한국어로 옮기는 고전 번역 운동을 본격적으로 펼치려 한다.

정암학당의 번역 작업은 철저한 연구에 기반한 번역이 되도록 하기 위해 처음부터 공동 독회와 토론을 통해 이루어진다. 번역 초고를 여러 번에 걸쳐 교열, 비평을 하는 공동 독회 세미나를 수행하여 이를 기초로 옮긴이가 최종 수정하는 방식으로 진행된다. 이같이 공동 독회를 통해 번역서를 출간하는 방식은 서양에서도 유래를 찾기 어려운 시스템이다. 공동 독회를 통한 번역은 매우 더디고 고통스러운 작업이지만, 우리는 이 같은 체계적인 비평의 과정을 거칠 때 믿고 읽을 수 있는 텍스트가 탄생할 수 있다고 확신한다. 이런 번역 시스템 때문에 모든 '정암고전총서'에는 공동 윤독자를 병기하기로 한다. 그러나 윤독자들의 비판을 수용할지 여부는 결국 옮긴이가 결정한다는 점에서 번역의 최종 책임은 어디까지나 옮긴이에게 있다. 따라서 공동 윤독에 의한 비판의 과정을 거치되 옮긴이들의 창조적 연구 역량이 자유롭게 발휘될 수 있도록 노력했다.

정암학당은 앞으로 세부 전공 연구자들이 각각의 팀을 이루어

연구와 번역을 병행함으로써 아리스토텔레스 철학 원전, 키케로 전집, 헬레니즘 선집 등의 번역본을 출간할 계획이다. 그리고 이렇게 출간할 번역본에 대한 대중 강연을 마련하여 시민들과 함께 호흡할 수 있는 장을 열어 나갈 것이다. 공익법인인 정암학당은 전적으로 회원들의 후원으로 유지된다는 점에서 정암고전총서는 연구자들의 의지뿐만 아니라 시민들의 소중한 뜻이 모여 세상 밖에 나올 수 있는 셈이다. 이런 점에서 정암고전총서가 일종의 고전 번역 운동으로 자리매김되기를 기대한다.

정암고전총서를 시작하는 이 시점에 두려운 마음이 없지 않으나, 이런 노력이 서양 고전 연구의 디딤돌이 될 것이라는 희망, 그리고 새로운 독자들과 만나 새로운 사유의 향연이 펼쳐질 수 있으리라는 기대감 또한 적지 않다. 어려운 출판 여건에도 정암고전총서 출간의 큰 결단을 내린 아카넷 김정호 대표에게 경의와 감사의 뜻을 전한다. 끝으로 정암학당의 기틀을 마련했을 뿐만 아니라 앎과 실천이 일치된 삶의 본을 보여 주신 이정호 선생님께 존경의 마음을 표한다. 그 큰 뜻이 이어질 수 있도록 앞으로도 치열한 연구와 좋은 번역을 내놓는 노력을 다할 것이다.

2018년 11월
정암학당 연구자 일동

## 차례

'정암고전총서'를 펴내며 5
작품 내용 구분 10
일러두기 12
약어 13

1장 아름다움의 다양성 15
2장 물체의 아름다움 19
3장 감각적 아름다움의 판단 21
4장 비감각적 아름다움의 경험 24
5장 비감각적 아름다움에 대한 사랑 26
6장 영혼의 아름다움 30
7장 거룩한 아름다움 33
8장 귀향 36
9장 심미안 38

주석 41
작품 안내 65
참고 문헌 137
찾아보기
 한국어-그리스어 147
 그리스어-한국어 150
옮긴이의 말 153

# 작품 내용 구분

### 1. 서론: 아름다움의 다양성과 근거(1, 1~16)
   1) 아름다움의 다양성(1, 1~6)
   2) 문제: 아름다움의 근거는 무엇인가?(1, 6~11)
   3) 다른 것의 분유를 통해 아름다운 것과 그 자체로 아름다운 것의 구분(1, 11~16)

### 2. 본론 (1): 감각적 아름다움(1, 16~3, 36)
   1) 문제: 아름다운 물체에 현전하는 것은 무엇인가?(1, 16~20)
   2) 비례 이론 비판(1, 20~54)
   3) 물체의 아름다움에 대한 영혼의 경험과 그 근거(2, 1~13)
   4) 형상의 분유(2, 13~28)
   5) 감각적 아름다움의 판단(3, 1~36)

## 3. 본론 (2): 비감각적 아름다움(4, 1~6, 32)

1) 비감각적 아름다움의 경험(4, 1~22)
2) 비감각적 아름다움에 대한 사랑(5, 1~22)
3) 영혼의 아름다움(5, 22~6, 32)
    (1) 영혼의 아름다움과 추함(5, 22~58)
    (2) 영혼의 정화(6, 1~32)

## 4. 본론 (3): 아름다움과 좋음(7, 1~9, 44)

1) 좋음에 대한 욕망(7, 1~39)
    (1) 영혼의 상승(7, 1~9)
    (2) 최고의, 최초의 아름다움으로서의 좋음(7, 10~30)
    (3) 영혼의 최종 경기와 지복(7, 30~39)
2) 좋음의 관조(8, 1~9, 43)
    (1) 영혼의 귀향(8, 1~27)
    (2) 심미안: 좋음과 아름다움의 관계(9, 1~43)

# 일러두기

1. 이 책은 플로티누스가 집필한 『아름다움에 관하여』의 그리스어 원문을 한국어로 옮긴 것이다. 원전 번역의 기준 판본은 P. Henry와 H.-R. Schwyzer의 *Plotini Opera*, editio minor(Oxford 1964 = H.-S.$^2$)이다. 원문을 기준 판본과 다르게 읽은 경우는 주석에 명시했다.
2. 플로티누스 저작의 인용 방식은 다음과 같다. 예) Enn. I 6 [1] 1, 1(『구론집(九論集)』, 제1권, 제6편 [연대순으로 첫 번째] 제1장, 제1행).
3. 내용의 이해를 돕기 위해 문구를 첨가한 경우 [ ]를 사용했다.
4. 각 장의 제목은 옮긴이가 달았다.
5. 미주에는 원문 이해에 도움을 주는 어휘 해설, 인용 문구의 출처 및 참고 사항을 제시했다.
6. 그리스어 고유명사의 한국어 표기는 원어의 발음에 가깝도록 했다. 단, 이미 통용되는 표현들은 예외로 두었다. 예) 피타고라스(퓌타고라스)

# 약어

## 1. 플로티누스 원전 비판본 및 번역

| | |
|---|---|
| Enn. | *Enneads*(포르피리오스가 편집한 플로티누스 전집 『구론집』) |
| Armstrong | A. H. Armstrong, *Plotinus, Enneads*, Cambridge: MA, 1966~1982. |
| Bréhier | E. Bréhier, *Plotin, Ennéades*, Paris, 1924~1938. |
| Ficino | M. Ficinus, *Plotini Opera, Latina Interpretatio*, Florence, 1492. |
| H-B-T | R. Harder, R. Beutler, W. Theiler, *Plotins Schriften*, Hamburg, 1956~1971. |
| H.-S.$^1$ | P. Henry, H.-R. Schwyzer, *Plotini Opera*, t. I, Paris-Bruxelles, 1951. |
| H.-S.$^2$ | P. Henry, H.-R. Schwyzer, *Plotini Opera*, t. I, Oxford, 1964. |
| H.-S. | H.-S.$^1$과 H.-S.$^2$의 일치 |
| Igal | J. Igal, *Plotino, Enéadas*, Madrid, 1982~1998. |
| Volkmann | R. Volkmann, *Plotini Enneades*, Leipzig, 1883. |

## 2. 기타 고대 원전 비판본 및 번역

| | |
|---|---|
| DK | H. Diels, W. Kranz, *Die Fragmente der Vorsokratiker*, Berlin, 1974. |
| SVF | H. F. A. von Arnim, *Stoicorum Veterum Fragmenta*, Leipzig, 1903~1924. |
| VP | *Vita Plotini*(포르피리오스가 집필한 『플로티누스의 생애』) |

3. 사전

LP    J. H. Sleeman, G. Pollet, *Lexicon Plotinianum*, Leiden, 1980.
LSJ   H. G. Liddell, R. Scott, *Greek English Lexicon*, Oxford, 1968.

# 1장
# 아름다움의 다양성

 아름다움은 보이는 것에 가장 많이 있지만, 들리는 것에도 있는데, 말들의 조합에 따라 있을뿐더러 시가에도, 그러니까 시가 전체에도 있다. 선율도 박자도 아름다우니 말이다.[1] 그런데 감각으로부터 출발해 위를 향해 나아가는 이들에게는 아름다운 행실, 행동, 성향, 지식도 있고 덕의 아름다움 또한 있다.[2] 그것들에 앞서는 무언가가 있는지는 스스로 드러날 것이다.[3]

 그렇다면 과연 무엇이 물체들을 아름답게 나타나도록 만들며, 아름다운 것으로서 소리들에 귀 기울이게 만드는가? 그리고 영혼과 연결된 것들[4]과 관련해서, 도대체 어떻게 그 모든 것이 아름다울 수 있는가? 하나이자 같은 아름다움에 의해 모든 것이 아름다운가 아니면 물체에 있는 아름다움과 다른 것에 있는 아름다움은 서로 다른가? 도대체 그것들 또는 그것은 무엇인가?

왜냐하면 어떤 것들은, 예를 들어 물체는 기체(基體)[5] 자체에 의해서가 아니라 분유(分有)에 의해 아름답지만, 어떤 것들은, 덕의 본성처럼,[6] 그 자체로 아름다운 것들이기 때문이다. '물체이다'와 '아름다운 것이다'가 다르기 때문에 같은 물체가 때로는 아름답게, 때로는 아름답지 않게 나타난다.

그렇다면 물체들에 현전해 있는 그것은 무엇인가?[7] 우선 그것에 대해 탐구해야 할 것이다. 그러니까 보는 이의 시각을 자극하고, 자기 쪽으로 향하게 하고 끌어당기고, 보는 것을 즐기게 만드는 것은 무엇인가? 우리가 그것을 발견한다면, 아마도 그것을 층계 삼아[8] 다른 것들도 보게 될 테니 말이다.

실로 말하자면 모든 사람들이 말하길,[9] 부분들이 서로에 대해 그리고 전체에 대해 지니는 비례와 그것에 추가된 좋은 색깔이 시각을 위한 아름다움을 만들며, 가시적인 물체들 및 일반적으로 다른 모든 것들에 있어 아름다운 것은 비례적이며 비율에 맞는 것이라 한다.[10]

그러나 그들에게는 단순한 것은 결코 아름다울 수 없고, 오직 결합된 것만 아름답다는 결론이 필연적으로 따라 나올 것이다. 그들에게는 전체는 아름답지만, 부분들은 각자 자신으로부터 아름다움을 가질 수 없고, 다만 전체가 아름다울 수 있도록 전체를 위해 기여할 뿐이다.[11]

하지만 전체가 아름답다면, 부분도 아름다워야 한다.[12] 왜냐하

면 [아름다운 전체는] 진정 추한 것들로부터 이루어져서는 안 되 30
고, 모든 것들이 아름다움을 지녀야 하기 때문이다.

그들의 관점에 따르면, 가령 태양의 빛처럼 아름다운 색깔들은 단순하므로 비례로부터 아름다움을 가질 수 없기 때문에 아름다운 것에서 제외될 것이다. 금은 도대체 어떻게 아름다운가? 그리고 한밤중 번개나 별들은 어떤 점에서 아름답게 보이는가? 소리들의 경우도 마찬가지로 단순한 것은 제외될 것이다. 아름 35
다운 [악곡] 전체를 이루는 각각의 소리가 그 자체로도 아름다운 경우가 자주 있는데도 말이다.

그런데 동일한 비례가 그대로 머물러 있는데도 같은 얼굴이 때로는 아름답게 보이지만, 때로는 그렇지 않을 때, 비례를 넘어 다른 것이 아름다운 것이며, 비례적인 것은 다른 것에 의해서 아 40
름답다고 말해야 하지 않을까?[13]

만약 우리가 행실과 아름다운 말들로 옮겨 가서 그것들에 있어서도 비례를 아름다움의 원인으로 삼는다면, 아름다운 행실이나 법률, 또는 배움이나 지식에 무슨 비례가 있다고 말할 수 있는가? 어떻게 정리(定理)들이 서로 비례적일 수 있는가?[14] 만약 45
그것들이 서로 합치하기 때문이라면,[15] 나쁜 것들 사이에도 일치와 합치가 있을 것이다. '절제는 어리석음이다'와 '정의는 고상한 순진함이다'는 서로 합치하고 동의하면서 서로 일치하니 말이다.

그런데 모든 덕은 영혼의 아름다움이며, 앞의 것들보다 더 참 50

된 아름다움이다. 그러나 여기에 어떻게 비례가 있을 수 있겠는가? 그것은 크기로도 수로도 비례를 이룰 수 없다. 설혹 영혼에 여러 부분들이 있다 하더라도, 부분들 또는 정리들 사이에 어떤 비율의 조합이나 혼합이 있겠는가? 홀로 있는 정신[16]의 아름다움은 무엇일 수 있다는 말인가?

2장

# 물체의 아름다움

 그러면 다시 돌아가 물체들 안에 있는 아름다움이 진정 무엇인지 먼저 말해 보도록 하자. 그것은 첫눈에 이미 감각되는[17] 어떤 것인데, 영혼은 마치 그것을 이해한 것처럼 말하고, 그것을 알아보고 반기며, 말하자면 그것과 함께 어울린다.[18] 그러나 추함을 접한 영혼은 "움츠러들고",[19] 거부하면서 그것에 등을 돌린다. 그것과 한목소리를 내지 못하고 서로 남남이 되니 말이다.

 이에 대한 우리의 설명은 사실 다음과 같다. 영혼은 본성상 영혼인 바 바로 그것이고,[20] 있는 것들 가운데 더 나은 존재들에 가까운데,[21] 자신과 동족인 어떤 것이나 동족의 흔적을 보면, 기뻐할 뿐만 아니라 전율을 느끼고 자기 자신으로 되돌아가 자신과 자신에 속한 것들을 상기하게 된다.

 그렇다면 이곳의 아름다운 것들과 저곳의 아름다운 것들 사이에 닮은 점은 무엇인가? 물론, 닮은 점이 있다면 닮았다고 하자. 그런데 어떻게 저것들뿐만 아니라 이것들도 아름다울 수 있는가? 우리는 이것들이 형상의 분유를 통해 아름답다고 주장한다.[22]

사실, 형태가 없어 본성상 형태와 형상을 받아들이는 것은 모두 이성과 형상을 나누어 가지지 않는 한, 추하고 신적인 이성의 바깥에 있다. 그런데 전적으로 추한 것이 그렇다. 그런가 하면 질료가 전적으로 형상에 따라 형태를 갖추게 되는 것을 못 견뎌서 형태와 이성에 의해 지배되지 않은 것 또한 추하다.[23]

그러니까 형상이 다가가서, 여러 부분들로부터 결합을 통해 하나가 될 것을 구성할 뿐만 아니라, 하나의 완전한 통일체가 되도록 이끄는데, [부분들 사이의] 일치를 통해 하나로 만든다. 바로 그 자신이 하나이듯이, 형태를 갖추게 될 그것도, 여럿으로 이루어진 그것에게 가능한 만큼 하나이어야 하니 말이다.

그러므로 아름다움은 이미 하나로 모아진 것 위에 자리를 잡고 부분들과 전체들에게 자신을 준다. 그것이 어떤 하나이자 동질적인 부분들로 이루어진 것[24]을 사로잡는 경우, 전체에게 동일한 것을 준다. 마치 때로는 기술이 부분들을 가진 집 전체에 아름다움을 주고, 때로는 어떤 자연이 돌 하나에 아름다움을 주는 것처럼 말이다.[25] 그런 식으로 아름다운 물체는 신적인 것들로부터 오는 이성적 형성 원리를 나누어 가짐으로써 생성된다.[26]

3장

# 감각적 아름다움의 판단

물체의 아름다움은 그것에 배정된 능력이 인지하는데, 다른 영혼도 함께 판단할 때, 그 능력보다 제 것에 대한 판단을 위해 더 권위를 지닌 것은 없을 것이다. 그런데 아마도 다른 영혼 또한 [아름다운 물체를] 자신에게 있는 형상에 맞추어 보며, 판단을 위해 그 형상을 마치 곧음을 판단하기 위한 자처럼 사용하면서 말할 것이다.[27]

그런데 어떻게 물체의 영역에 있는 것이 물체에 앞서는 형상과 합치할 수 있는가? 어떻게 건축가가 바깥에 있는 집을 자기 안에 있는 집의 형상에 맞추어 보고 나서 아름답다고 말할 수 있는 것일까? 아닌 게 아니라, 바깥에 있는 집은, 만약 네가 돌들을 제거한다면, 바깥의 질료 덩어리에 의해 분할된 내적 형상이며, 실제로는 분할 불가능한 것이 여러 부분 안에서 나타난 것이라고 말해야 하지 않을까?[28]

그러므로 감각은 물체들 안에 있는 형상이 그것에 반대하는 무형의 본성을 한데 묶어서 지배하는 것을 볼 때마다, 그리고 한 형태가 출중하여 다른 형태들을 타고 오르는 것을 볼 때마다, 여러 군데 흩어진 저것을 한데로 끌어모을 뿐만 아니라, 이미 부분이 없는 저것을 [영혼] 안으로 들여와 안에 있는 것에 합치하고 어울리며 친한 것으로서 건네준다.[29]

마치 훌륭한 어른에게는 젊은이한테서 드러나는 덕의 징조가 살갑게 느껴지는 것처럼 말이다. 이 징조가 자기 자신 안에 있는 참된 것과 합치해서 그렇다.[30]

색깔의 아름다움은 단순하며, 형태에 의해 그리고 비물체적인 빛의 현전에 의해 질료 안의 어둠이 제압되었기 때문에 생기는데, 이때 빛이 이성적 형성 원리이자 형상이다.[31]

이로부터 불 또한 그 자체로 다른 물체들보다 아름답다는 결론이 나온다.[32] 왜냐하면 그것은 다른 원소들과의 관계에서 형상의 지위를 차지하기 때문이다. 그것은 비물체적인 것에 가까워서 위치상 위에 있으며, 물체들 가운데 가장 가볍다. 그것은 홀로 다른 것들을 받아들이지 않지만, 다른 것들은 그것을 받아들인다. 사실, 저것들은 따뜻해지지만, 그것은 차가워지지 않는다. 또한 그것은 일차적인 의미에서 색깔을 지니지만, 다른 것들은 그것으로부터 색깔의 형상을 취한다. 그래서 그것은 마치 형상인 것처럼 빛나고 반짝거린다.

하지만 힘이 없는 것은 색깔의 형상을 온전히 분유하지 않기 때문에 빛이 바래 더 이상 아름답지 않게 된다.[33]

소리들 안에 있는 조화들은 [감각에] 드러나지 않는 것을 드러나게 만들고, 그런 식으로 다른 것 속에 같은 것을 보여주며, 그런 식으로 영혼이 아름다움에 대한 이해를 갖도록 만든다.[34] 감각적인 조화들에는 수들에 의해 측정되는 속성이 있는데, 수들은 아무 비율이 아니라, [질료의] 지배를 위한 형상을 만드는 데 종사하는 비율을 이룬다.

감각에 있어 아름다운 것들에 대해서는 이만해 두자. 그것들은 실로 모상들과 그림자들로, 말하자면 우리의 손길을 벗어나 달아나듯 질료에게 가서 그것을 장식할뿐더러 갑작스러운 출현으로 우리를 경악케 한다.[35]

4장

# 비감각적 아름다움의 경험

더 앞에 놓인 아름다운 것들에 관해서는, 그것들을 보는 일을 더 이상 감각이 맡지 않고 영혼이 도구들 없이 보고 말하기 때문에 우리는 감각은 아래에 머물게 내버려 두고 위로 올라가서 그것들을 보아야 한다.[36] 마치 감각에 속하는 아름다운 것들의 경우, 그것들을 전혀 본 적도 없고 아름다운 것으로 인식한 적도 없는 사람들이 — 가령, 어떤 이들이 처음부터 장님으로 태어났다면 — 그것들에 대해 말할 수 없듯이, 동일한 방식으로 행실의 아름다움에 대해서도, 행실이나 지식 및 그와 같은 종류의 다른 것들의 아름다움을 받아들인 적이 없는 사람들은 말할 수 없으며, 덕의 광휘[37]에 대해서도 정의와 절제의 얼굴이 얼마나 아름다운지 전혀 떠올려 본 적이 없는 이들은 말할 수 없다. 저녁별도 새벽별도 그처럼 아름답지 않다.[38]

아니, 우리는 영혼이 그러한 것들을 볼 때 사용하는 기관[39]을 가지고 그것들을 보았어야 하고,[40] 보고서는 즐거움을 느끼고 충격을 받으며 이전의 것들 앞에서 전율했던 것보다 훨씬 더 전율했어야 한다. 그제서야 우리는 참된 것들에 닿았기 때문이다.

사실, 무엇이든 아름다운 것에 대해서는 이러한 감정들,[41] 즉 놀라움, 달콤한 충격, 그리움, 사랑 그리고 쾌락을 동반하는 전율이 생겨야 한다. 보이지 않는 것들에 관해서도 그렇게 느끼는 것이 가능하고, 말하자면 모든 영혼들 또한 그렇게 느끼지만, 특히 그것들을 더 사랑하는 영혼들이 더욱더 그렇게 느낀다. 육체의 경우에도 모든 이들이 보지만, 똑같이 찌르는 듯한 아픔을 겪는 게 아니라, 어떤 이들은 아주 많이 겪는데, 이런 이들이 사랑하는 자라 불리기도 한다.[42]

5장

# 비감각적 아름다움에 대한 사랑

그렇다면 이제[43] 감각되지 않는 것들에 대해서도 사랑을 느끼는 이들에게 물어야 한다. 아름다운 행실이나 아름다운 태도, 절제 있는 성격으로 일컬어지는 것들과 일반적으로 덕의 작용들과 상태들 및 영혼들의 아름다움에 대해 당신들은 무엇을 느끼는가? 그리고 당신들이 자신의 내적인 아름다움[44]을 볼 때 무엇을 느끼고, 어떻게 열광과 흥분에 빠지게 되며, 육체로부터 자기 자신을 끌어모아서 자기 자신과 함께하길 갈망하게 되는가?[45] 진정으로 사랑하는 이들은 그렇게 느끼니 말이다.

그런데 그것이 무엇이기에 그들은 그것에 관해 그렇게 느끼는가? 그것은 형체도 아니고, 색도 아니며, 어떤 크기도 아니라, 영혼에 관련된 것이다. 영혼은 그 자체로 무색인가 하면,[46] 무색의 절제를 지니며, 덕들의 다른 광휘 또한 지닌다.[47] 당신들은 자신 안에서나 다른 사람 안에서 영혼의 위대함과 정의로운 성격, 순수한 절제와 억센 얼굴을 한 용기,[48] 흔들림도 없고 풍파도 없는 무감동의 상태에서 펼쳐진 위엄과 경외,[49] 이 모든 것들 위에서 빛나는, 신 같은 모습의[50] 정신을 볼 때마다 그렇게 느낀다.

그러니까 우리가 이것들을 경탄하고 사랑할 때, 어찌하여 그것들이 아름답다고 말하는가? 사실, 그것들은 있으며 나타나는데, 그것들을 본 자는 그것들이 진정으로 있는 것들이라는 것 말고 어떤 다른 말도 결코 할 수 없을 것이다. 무엇이 진정으로 있는 것들인가? 아름다운 것들이 아닌가?

그러나 이 논의는 여전히 설명을 요구한다. 영혼을 아름답게 만드는 저것들은 무엇인가? 모든 덕들 위로 마치 빛처럼 돋보이는 저것은 무엇인가?

이제 너는 반대편, 즉 영혼한테 생겨나는 추한 것들을 취해서 대조해 보겠는가? 추함이란 도대체 무엇이며, 왜 나타나는지 아는 것이 아마도 우리가 탐구하는 것에 보탬이 될 테니 말이다. 자, 추한 영혼이 있다고 하자.[51] 무절제할 뿐만 아니라 부정의하고, 수많은 욕구와 숱한 혼란으로 가득 차 있으며, 비겁해서 두려움에 빠져 있고, 옹졸해서 시기에 물들어 있으며, 실로 생각하는 것이라고는 모두 사멸할 것과 저급한 것인 데다가, 온통 비뚤어져 있고, 불순한 즐거움과 친하며, 무엇이든 몸을 통해 겪을 수 있는 것 가운데 추한 것을 달콤한 것으로 여기는 삶을 사는 영혼 말이다.

그러므로 우리는 바로 그 추함이 마치 바깥에서 들인 '아름다움'처럼[52] 영혼에 달라붙어서 그것에 해를 입혔으며, 그것을 불순하고 많은 나쁜 것과 "뒤범벅이 되게"[53] 만들었다고 말해야 하지 않을까? 그러한 영혼은 더 이상 순수한 삶과 감각을 가지지 못하고, 나쁨과 섞임으로써 희미한 삶을, 죽음과 많이 혼합된 삶을 살게 되어, 더 이상 영혼이 보아야 할 것을 보지 못하고, 늘 바깥으로 아래로 어둠으로 끌려다님으로써 더 이상 제자리에 머물 수 없게 되었다고 말해야 하지 않을까?

그것은, 내 생각에, 정말 순수하지 않고, 감각에 밀려드는 대상들에 의해 사방으로 끌려다니는데, 육체적인 것과 많이 섞여 있으면서 많은 질료적인 것과 어울리고 자신 안으로 다른 종류를 받아들이면서 자신을 더 나쁘게 만드는 혼합에 의해 변했다.

마치 누군가가 진흙탕이나 시궁창에 빠져 자신이 지녔던 아름다움을 더 이상 드러내지 못하는 것처럼 말이다. 보이는 것은 진흙탕이나 시궁창에서 묻은 것이다. 실제로 그에게 추함은 낯선 것이 덧붙어서 생긴 것이므로 그가 할 일은, 정녕 다시 아름다워지려면, 씻어내고 깨끗하게 만들어서 제 모습을 찾는 것이다.

그러므로 영혼의 추함이 섞임과 혼합, 그리고 몸과 질료를 향한 기울임에 의한 것이라고 우리가 말한다면, 옳은 말일 것이다. 그리고 영혼에게 추함은 이것, 즉 순수하지도 순일하지도 않은 것이다. 마치 흙과 같은 것으로 오염된 금처럼 말이다.[54] 만약 누군가 흙과 같은 것을 제거한다면, 금이 남게 될 것이고, 다른 것들로부터 홀로 떨어져 오직 자신과 함께하게 된다면 아름다워질 것이다.

실로 동일한 방식으로 영혼도 한편으로는 지나치게 친밀했던 육체로 인해 갖게 된 욕구들에서 벗어나고, 다른 한편으로는 여타 감정들에서 풀려나 육화로 인해 갖게 된 것들로부터 정화된 채 홀로 남게 되었을 때, 다른 본성으로부터 온 추함을 모두 버린 것이다.[55]

# 6장
# 영혼의 아름다움

옛말에 이르길, 절제와 용기를 비롯한 모든 덕은 정화이며, 지혜 자체도 그렇다. 이런 까닭에 정화되지 않은 자는 하데스에 가서 시궁창 속에서 뒹굴게 될 것이라는 입교 의식들의 수수께끼 같은 말 또한 옳다.[56] 왜냐하면 불순한 것은 비루함으로 인해 시궁창과 친하기 때문이다. 마치 돼지들이 몸이 깨끗하지 않아서 그러한 것을 반기는 것과 같다.[57]

육체의 즐거움들과 어울리지 않고, 그것들이 순수하지 않고, 순수한 것에 속하지도 않는다고 여기면서 피하는 것 외에 무엇이 참된 절제일 수 있겠는가? 한편, 용기는 죽음을 두려워하지 않는 것이다. 그런데 죽음이란 영혼이 몸과 분리되는 것이다.[58] 홀로 되길 반기는 자는 그것을 두려워하지 않는다. 영혼의 위대함은 여기 있는 것들에 대한 멸시에 있다. 지혜는 영혼으로 하여

금 아래에 있는 것들에 등을 돌리고 위에 있는 것들을 향하도록 이끄는 인식이다.

그러므로 영혼이 정화되었을 때 형상과 이성이 되고, 전적으로 비물체적이고 지적이며 오롯이 신적인 것[59]에 속하게 되는데, 이 신적인 것으로부터 아름다움의 샘이 솟으며 그와 유사한 모든 것이 나온다. 그러므로 정신[60]을 향해 드높여진 영혼이 한층 더 아름답다.

그런데 정신과 정신에서 나온 것들은 영혼에 속하는 아름다움으로 영혼 자신의 것이지 남의 것이 아니다. 왜냐하면 오직 그때 그것이 진정으로 영혼이기 때문이다. 이런 까닭에 영혼이 좋고 아름답게 되는 것이 신을 닮는 것[61]이라는 말은 옳다. 왜냐하면 저기에서 아름다움, 즉 있는 것들 가운데 다른 영역이 나왔기 때문이다.[62]

아니면 오히려 있는 것들이 아름다움이고, 그와 다른 본성이 추함인데,[63] 이 다른 본성이 첫 번째 나쁨과 같은 것이기도 하다. 그래서 저 신에게도[64] 좋은 것과 아름다운 것이 같거나 또는 좋음과 아름다움이 같다. 그러므로 우리는 유사한 방식으로 아름다운 것과 좋은 것, 추한 것과 나쁜 것을 탐구해야 한다.

그리고 첫 번째 아름다움으로[65] 좋음이기도 한 바로 그 아름다움을 놓아야 한다. 이것으로부터 곧바로 정신, 즉 아름다움이 나온다.[66] 그런데 영혼은 정신에 의해 아름답다. 다른 아름다운 것들은, 행동에서 아름답고 행실에서 아름다운 것은, 이제 형태를 만들어 주는 영혼에 의해 아름답다. 더구나 아름답다고 불리는 모든 물체들도 바로 영혼이 그렇게 만든다. 왜냐하면 영혼은 신적인 존재이며 말하자면 아름다움의 일부이기에, 접촉하고 지배하는 모든 것들을, 그것들이 아름다움을 분유할 수 있는 한, 아름답게 만들기 때문이다.

7장

# 거룩한 아름다움

    그러므로 모든 영혼이 욕망하는 좋음으로 다시 올라가야만 한다. 만약 누군가 그것을 보았다면, 내가 말하는 것을 안다. 어떤 방식으로 그것이 아름다운지를 말이다. 그것은 좋은 것으로서 갈망되며, 갈망은 그것을 향한 것이다. 만약 우리가 위로 올라간다면, 그것을 향해 돌아서며,[67] 우리가 내려오면서 입은 것들을 벗어버린다면, 우리는 그것에 도달한다.[68] 마치 신전의 지극히 거룩한 곳을 향해 올라가는 자들이 정화 의식을 거치고, 이전의 옷들을 벗고 맨몸으로 올라가는 것처럼 말이다. 누군가가 오르는 길에 신에게 낯선 것을 모두 지나쳐 버리고 오직 혼자서 오직 그만을 바라볼 때까지 말이다. 그는 순일하고 단순하며 순수한데,[69] 만물이 그에 매달려 있고 그를 바라보며, 존재하고, 살고, 인식한다.[70] 왜냐하면 그는 생명과 정신과 존재의 원인이기 때문이다.

그러니 만약 누군가가 그것을 본다면, 어떤 사랑을 느끼게 될까? 어떤 그리움을 가지고서 그것과 하나가 되길 바랄까? 즐거움과 함께 얼마나 커다란 충격을 받게 될까? 사실, 그것을 아직 보지 못한 자는 그것을 좋은 것으로 욕망한다. 하지만 그것을 본 자는 [그것의] 아름다움에 탄복할뿐더러 즐거움과 함께 놀라움으로 꽉 찰 것이고, 무해한 충격에 빠질 것이며, 참된 사랑을 하면서 사무치는 그리움을 느끼고, 다른 사랑들은 비웃을 것이며 예전에 아름답다고 인정했던 것들을 멸시할 것이다. 이것은 마치 신들이나 신령들의 자태를 마주한 후 더 이상 다른 몸들의 아름다움을 전과 같은 방식으로 받아들일 수 없는 자들이 겪는 것과 같다.

그렇다면 우리는 뭐라고 생각할까? 만약 누군가가 아름다움 자체를 본다면, 그 자체로 그 자체에 의해 순수하고, 살이나 몸에 물들어 있지 않으며, 순수함을 지키기 위해 땅에도 하늘에도 있지 않는 그것을 본다면 말이다.[71] 사실, 이 모든 것은 바깥에서 덧붙여진 것이고 섞인 것이며, 일차적인 것이 아니라, 저것으로부터 파생된 것이다.[72]

그러므로 만약 누군가 저것을 본다면(저것은 모든 것에 [아름다움을][73] 제공하지만, 그 자신으로 남아 있으면서 주고, 어떤 것도 자신 안으로 받아들이지 않는데), 그러한 것의 관조 속에 머물면서 그것과 닮아가는 기쁨을 누린다면, 더 이상 어떤 아름다움이 필요하겠는가? 말하자면 그것은 그 자체로 최고의 아름다움이자 최초의 아름다움이기 때문에 그것을 사랑하는 이들을 아름답게 만들고 사랑스럽게 한다.

그것이야말로 진정 영혼들 앞에 놓인 가장 큰, 마지막 경기의 목표이고,[74] 온갖 고생도 그것을 위함이며, 최상의 관조에서 빈손으로 돌아가지 않기 위함이니,[75] 그러한 관조를 성취한 자는 복된 광경[76]을 보았기에 복되지만 이를 성취하지 못한 자는 불운하다. 사실, 아름다운 색이나 몸, 권세나 관직, 왕권을 성취하지 못한 자가 불운한 것이 아니라, 그것을, 그리고 오직 그것을 성취하지 못한 자가 불운하다.[77] 그것을 위해서는 왕권도 온 땅과 바다 그리고 하늘의 통치권의 획득마저도 포기해야 한다. 만약 누군가 그것들을 내버리고 하찮게 봄으로써 저것을 향해 돌아서서 볼 수 있다면 말이다.

## 8장

## 귀향

　그렇다면 그 방법은 무엇인가? 무슨 수가 있는가? 어떻게 누군가가 '헤아릴 수 없는 아름다움'[78]을, 말하자면 거룩한 성소 안에 머물며, 결코 아무 속인(俗人)이나 볼 수 있게 밖으로 나오지 않는 아름다움을 볼 수 있는가? 그렇다면 볼 수 있는 자로 하여
5　금 거기로 가게 하라. 눈들이 지닌 시각은 밖에 남겨 두고, 예전에 몸의 영광이었던 것으로 돌아서지 말고 저것을 좇아 안으로 들어가게 하라. 사실, 그가 몸 안의 아름다운 것들을 본다면, 그것들을 향해 달려가서는 안 되고, 오히려 그것들이 닮은꼴이고 흔적이며 그림자라는 것을 깨닫고서[79] 그것들이 닮은 저것을 향해 도피해야 한다. 왜냐하면 만약 누군가 [닮은꼴을] 진짜로 여
10　겨 그것을 붙잡으려 달려간다면, (마치 물 위에 어린 아름다운 영상을 붙잡길 원한 자가[80] 흐르는 물 아래로 가라앉아 보이지 않게 되었다

고 어떤 이야기가 어디선가, 내 생각에, 수수께끼처럼 말하듯이,) 아름다운 몸들에 집착하여 그것들을 놓아주지 않으면서 실로 같은 방식으로, 다만 몸이 아니라 영혼이 어두운 심연으로, 정신에게 달갑지 않은 곳으로 가라앉을 것이고, 바로 거기 하데스에서 눈먼 채 머물며 여기저기서 그림자들과 사귈 것이다.

그러니 '사랑하는 고향으로 도피하자'[81]라는 누군가의 권고가 더 진실한 것이리라. 그렇다면 이 도피는 무엇이고, 어떻게 할 것인가? 우리는 망망대해로 나아갈 것이다. 마치 오뒷세우스가 마법사 키르케나 칼륍소로부터 벗어나 바다로 나간 것처럼. 이는, 내 생각에, 비록 그가 눈을 통한 즐거움을 만끽했고 수많은 감각적 아름다움과 함께했지만 거기에 머무르는 데 만족하지 않았음을 암시한다. 실로 우리에게 고향은 우리가 태어난 곳이고, 아버지가 거기에 계신다. 그렇다면 그 여정과 도피는 어떤 것인가? 발로 뛰어야 할 일은 아니다. 왜냐하면 발은 어디서나 이 땅에서 저 땅으로 우리를 데려갈 뿐이기 때문이다. 너는 말수레나 어떤 배를 장만할 필요도 없다. 오히려 그 모든 것을 내버려 두고, 더 이상 보지 말아야 한다. 말하자면 눈을 감고 다른 시각으로 바꾸어 그것을 일깨워야 한다. 누구나 가지고 있지만, 소수만 사용하는 시각을.

9장

# 심미안

    그렇다면 저 내적인 시각은 무엇을 보는가? 그것이 갓 일깨워졌을 때에는 밝은 것들을 전혀 볼 수 없다. 그러므로 영혼 자체가 우선 아름다운 행실을 보는 데 익숙해져야 한다. 다음으로 아름다운 작품을 보는 데, 기술이 만들어 내는 것 말고, 이른바 좋은 사람들이 만들어 내는 것을 보는 데 익숙해져야 한다. 그리고 나서 그 아름다운 작품들을 만들어 내는 사람들의 영혼을 보라.

    그렇다면 좋은 영혼이 어떤 아름다움을 갖는지 어떻게 너는 볼 수 있는가? 너에게로 되돌아가서 보라.[82] 그리고 만약 네 자신이 아직 아름답게 보이지 않는다면, 마치 아름답게 되어야만 할 조각상의 제작자처럼 조각상에 아름다운 얼굴을 드러낼 때까지 여기를 깎아 내고 저기를 다듬고 이것을 매끈하게 하고 저것을 깨끗하게 하듯이, 그렇게 너도 넘치는 것은 모두 덜어 내고 굽은 것은 모두 펴고, 어두운 것은 모두 맑고 밝게 만들라. 그리고 신적인 덕의 광영이 네게 비치고, 절제가 거룩한 좌대에 좌정하는 것을 네가 볼 때까지 너 자신의 상(像)을 조각하는 작업을 멈추지 마라.[83]

만약 네가 그렇게 되어서 그것을 보고, 순수하게 네 자신과 함께한다면, 아무것도 그런 식으로 하나가 되는 것을 막지 않고, 네 자신이 내적으로 어떤 다른 것과도 섞이지 않은 채, 네 자신 전부가 오로지 참된 빛이라면, 어떤 크기로도 측정될 수 없고, 어떤 모양으로도 작게 한정될 수 없으며, 다시금 무한히 크게 증가될 수 없고, 오히려 모든 척도보다 더 크고, 모든 양보다 더 많기에 전적으로 측정 불가하다면. 만약 네가 스스로 그렇게 된 것을 본다면, 네가 이미 시각이 되었고, 자신감[84]을 얻었으며, 거기에 이미 올라가 있기에 더 이상 가리키는 자가 필요하지 않으니, 집중해서 보라. 왜냐하면 오직 그 눈만이 위대한 아름다움을 바라보기 때문이다.

그러나 만약 악덕으로 인해 눈이 흐려진 채, 정화되지 않았거나 약한 상태로, 비겁함으로 인해 아주 밝은 것들을 볼 수 없으면서도 관조에 임한다면, 설령 다른 이가 바로 곁에서 볼 수 있는 것을 가리킨다 할지라도, 아무것도 바라보지 못한다. 사실, 보는 것은 보이는 것과 동류이자 닮은 것으로 만들어지고 나서 관조에 뛰어들어야 한다.[85] 왜냐하면 어떤 눈도 태양을 닮지 않고서는[86] 결코 태양을 볼 수 없듯이, 어떤 영혼도 아름답게 되지 않고서는 아름다움을 볼 수 없기 때문이다.

누군가 신과 아름다움을 보려 한다면, 실로 먼저 오롯이 신을 닮고 오롯이 아름답게 되도록 하라.[87] 사실, 그는 올라가서 먼저 정신에 이르고, 거기에서 형상들이 모두 아름답다는 것을 볼 것이며, 아름다움이 이것, 즉 형상들이라고 주장할 것이다. 왜냐하면 모든 것들은 그것들에 의해, 즉 정신과 존재의 산물들에 의해[88] 아름답기 때문이다.

그런데 우리는 그것의[89] 저 너머에 자리한 것을 '좋음의 본성'[90]이라 부르는데, 이것은 아름다움을 자신 앞에 펼쳐진 것으로 지니고 있다. 그래서 거칠게 말해서 그것이 첫 번째 아름다움이다. 그러나 가지적인 것들을 구분하는 자는 가지적 아름다움은 형상들의 장소[91]이고, 좋음은 저 너머에 자리한 것,[92] 아름다움의 원천과 시원[93]이라고 말할 것이다. 또는 좋음과 첫 번째 아름다움을 같은 곳에 놓을 것이다. 아무튼 아름다움은 저기에 있다.[94]

# 주석

1 **아름다움은 보이는 것에… 아름다우니 말이다**: '아름다움'으로 옮긴 그리스어 'to kalon'은 중성 정관사와 형용사가 결합되어 명사화한 형태로 '아름다운 것'이나 '아름다움'을 뜻한다. '보이는 것에'와 '들리는 것에'로 옮긴 그리스어 표현은 각각 'en opsei'와 'en akoais'이다. 사실, 명사 'opsis'는 시각 대상뿐만 아니라, 시각 능력을 의미할 수 있다. 명사 'akoē' 또한 청각 대상뿐만 아니라, 청각 능력을 의미할 수 있다. 그런데 플로티누스의 예시에서 아름다운 말들의 조합과 시가(詩歌)는 청각 능력이 아니라 대상이다. 따라서 그는 아름다움이 청각이나 시각과 같은 감각 능력 '안에(en)' 있다고 주장하는 것이 아니라, 보이는 것과 들리는 것과 같은 감각 대상 안에 있다고 말하는 것이다. 플로티누스에게 감각적 아름다움은 특히 시각의 영역에서 그리고 청각의 영역에서 발견하는 대상의 특징이다. 이러한 견해가 플로티누스의 미론(美論)의 기초를 이룬다. 이 작품에서 플로티누스는 감각적 아름다움에서 출발해서 비감각적 아름다움으로 나아간다. 흥미롭게도 그는 감각적 아름다움을 논하면서 모든 감각이 아니라, 시각과 청각을 통해 경험하는 아름다움만 언급한다. 플라톤의 이름 아래 전해진 『대(大) 히피

아스』에는 아름다움을 시각적, 청각적 즐거움을 주는 것으로 규정하려는 시도가 발견된다. "만약 무엇이든 우리를 기쁘게 해 주는 것이, 모든 즐거움이 아니라, 청각과 시각을 통해서(dia tês akoês kai tês opseôs) 기쁘게 해 주는 것이 아름다운 것이라고 우리가 말한다면, 어떻게 무언가를 주장할 수 있겠지? 히피아스, 어쨌든 아름다운 사람들, 그리고 모든 장식들, 그림들, 조각들, 이것들은 모두 그것들이 아름다운 한에서 보는 우리를 흡족하게 하네. 또한 아름다운 소리들과 시가 전체(hê mousikê sympasa)와 논설들(logoi)과 설화들(mythologiai)도 같은 효과를 낳네."(297e5~298a5) 플로티누스는 아름다움을 감각적 아름다움으로 한정하지 않지만, 감각적 아름다움에 관한 한, 위의 인용문을 참조한 것으로 보인다. 우선, 감각적 아름다움을 시각적 아름다움과 청각적 아름다움으로 구분하고, 청각적 아름다움을 다시금 말들의 조합에 따라 발생하는 아름다움과 시가(詩歌)에서 발견되는 아름다움으로 구분한다. 여기에서 두 번째 구분을 이해하는 것이 쉽지 않다. 우선, '시가'로 옮긴 그리스어 'mousikê'는 협의의 음악(音樂)을 뜻하는 것이 아니라, 시문학을 포함하는 광범위한 개념이다. 위의 인용문에서 청각적 아름다움을 주는 대상의 예로 아름다운 소리들과 시가 전체와 논설들과 설화들이 언급된다. 이 자리에서 두 가지 난점을 지적할 필요가 있다. 첫째, '시가 전체(hê mousikê sympasa)'가 무엇을 뜻하는지는 불분명하다. 둘째, '논설들'로 옮긴 'logoi'는 다른 의미로 해석될 수 있다. 그리스어 'logos'는 말, 이야기, 연설, 대화 등 다양하게 번역될 수 있어 위의 인용문에서 의미를 확정하기가 어렵다. 플로티누스는 '시가 전체'에 선율과 박자를 포함시킨다. 플라톤의 『국가』 3권(398a~400a)에 따르면, 시가는 말과 선율과 박자로 구성된다. 이때, 말(logos)은 서사시의 경우 이야기이고, 서정시나 가곡의 경우 가사(노랫말)이다. 이야기와 가사는 시가의 내용에 해당하고, 선법(harmonia)과 박자(rhythmos)는 시가의 형식에 해당한다. 전자는 말의 내용이 아니라, 말하는 방식, 즉 말투(lexis)에 상응한다. 박종현(1997)에 따르면, 'melos'는 넓은 의미에서는 '서정시가'(398c2) 내지 '노래'(398d1)를, 좁은 의미에서는 '선율'(400a1~2)로 번역될 수 있다. 전자는 말과 선법과 박자로 구성되는데 비해, 후자는 선법에만 관련된다. 이런 논의를 고려해 볼 때, 플로티누스가 말한 '시가 전체'는 말과 선율, 박자로 구성된다고 추측할 수 있다. 첫 문장의 마지막 구절["시가에도, 그러니까 시가 전체에도 있다 (ἔστι δὲ καὶ ἐν μουσικῇ καὶ ἁπάσῃ)"]에서 그가 '시가'라고 말하는 데 그치지 않고 '전체'라는 말을 덧붙인 것은, 시가의 복합성을 부각시키면서 선율과 박자가 주는 아름다움을 강조하기 위한 것으로 보인다. 위의 구절에서 '그러니까'로 옮긴 'kai'는 문장의 흐름을 끊는 매끄럽지 않은 표현이지만(Harder는 삭제했다), 앞의 말을 보충하는 구어적 표현으로 보았다. Smith(2019), p. 24 참조. 'logôn syntheseis'는 고대 수사학의 전문 용어로 사용될 경우 조화로운 청각적 효과를 산출하기 위해 단어들을 모아서 조합하고 배열하는 것을 가리킨다. 이러한 조합은 아름다움의 원천으로 간주되었다. Darras-Worms(2007), p. 75.

2 **그런데 감각으로부터 출발해… 덕의 아름다움 또한 있다**: 플라톤의 『향연』에서 디오티마는 이와 유사한 오르막길, 즉 육체의 아름다움에서 출발하여 행실과 행동 규칙에 내재하는 아름다움으로, 이어서 지식들의 아름다움으로 나아가는 길을 제시한다(210b6~c7). 『고르기아스』 474d3~475a2 참조. '덕의 아름다움'에서 '아름다움'으로 번역된 명사 'kallos'는 원래 육체의 아름다움을 지시하는 용어로 주로 사용되었다. 하지만 플라톤은 이 명사를 영혼이나 학문의 아름다움을 가리키기 위해 사용하기도 했다. 『국가』 444e1; 『고르기아스』 475a1~2.

3 **그것들에 앞서는 무언가가 있는지는 스스로 드러낼 것이다**: 'auto deixei'는 관용구로 논의가 진전됨에 따라 논점이 자명해질 것을 뜻한다. [플라톤], 『대(大) 히피아스』 288b5에 같은 구절이 나온다. Kalligas(2014), p. 195; Darras-Worms(2007), p. 76 참조.

4 **영혼과 연결된 것들**: 앞에서 언급된 "아름다운 행실들과 행동들, 성향들, 지식들도 있고 덕들의 아름다움"을 가리키는 것으로 보인다.

5 **물체는 기체(基體) 자체에 의해서가 아니라 분유(分有)에 의해 아름답지만**: '기체'로 옮긴 'ta hypokeimena'는 감각적 개체 또는 그 아래에 놓인 질료를 가리킨다(아리스토텔레스, 『형이상학』 Z3 참조). 위의 문장에서는 감각적 개체를 가리키는 것으로 보았다. 이 해석에 따르면, 개별 물체는 자체적으로, 다시 말해 다른 것에 의존하지 않은 채 아름다울 수 없다. 예를 들어, 우리가 보고 만지고 냄새 맡을 수 있는 장미는 자체적으로 아름다운 것이 아니기 때문에 어떤 장미는 아름답지만, 어떤 장미는 아름답지 않다. 플로티누스는 어떤 물체가 아름다운 것은 모종의 분유에 의한 것이라고 여긴다. '분유(分有)'로 옮긴 'methexis'는 플라톤이 주로 감각적 개체와 형상의 관계를 나타내기 위해 사용한 용어이다(『파르메니데스』 132d3). 하지만 정확히 어떤 의미에서 감각적 개체가 형상을 나누어 갖는다는 말인지는 수수께끼로 남아 있다.

6 **덕의 본성처럼**: 플로티누스는 물체가 아니지만 아름다운 것의 예로 덕을 든다. 그에 따르면, 덕은 분유에 의해 아름다운 것이 아니라, 그 자체로 아름다운 것이다. 이 점에서 그의 입장은 플라톤이 『향연』에서 전개한 이론과는 차이를 보인다. 왜냐하면 디오티마는 아름다움 자체를 제외한 모든 아름다운 것들은 아름다움 자체, 즉 아름다움의 형상을 분유한다고, 즉 나누어 갖는다고 주장하기 때문이다(211b1~3). '덕의 본성'이라는 표현에서 주의할 점이 있다. '본성'으로 옮긴 'physis'는 한 사물의 본질적 속성을 뜻할 수 있다. 하지만 이 맥락에서는 본래 있는 것이라는 의미에서 본성적 존재를 가리킨다. 따라서 여기에서 '덕의 본성'은 덕이라고 불리는 본성적 존재를 뜻한다.

7 **물체들에 현전해 있는 그것은 무엇인가**: '현전하는 그것'으로 옮긴 원어는 'to paron'으로 문자적으로는 '곁에 있는 것'을 뜻한다. 플로티누스에게 아름다움이 한 물체에 '현전한다(pareinai)'는 말은 그 물체가 아름다움을 '분유한다(metechein)'는 말과 같다. 두 진술은 동일한 사태를 반대 시각에서 기술한 것이다. 물체에 현전하는 아름다움은 감각적으로 인식된다.

8   **층계 삼아**: 물체의 감각적 아름다움을 층계(epibathra)로 삼아 상위의 아름다움을 본다. 플라톤은 『향연』에서 아름다움 자체로 이끄는 사다리(epanabasmois: 211c3)를 언급한다.

9   **실로 말하자면 모든 사람들이 말하길**: '말하자면(ὡς εἰπεῖν) 모든 사람들'은 '거의 모든 사람들'을 뜻한다.

10  **부분들이 서로에 대해… 아름다운 것은 비례적이며 비율에 맞는 것이라 한다**: 23행의 대명사 'autois'가 지시하는 것을 '가시적인 물체들'로 해석해서 번역했다. 플로티누스는 아름다움에 대해 통상적으로 수용되는 관념을 소개하고, 이후 자세히 비판한다. 플로티누스는 스토아에서 정식화한 관념을 사용한 것으로 보인다. SVF III 83, 278, 279, 292, 472, 592 참조. 아름다움을 비례(symmetria) 관념으로 접근하려는 방식은 고대 그리스-로마 세계에서 아주 오래되고 널리 퍼져 있었다. 「작품 안내」 참조.

11  **그러나 그들에게는 단순한 것은 결코 아름다울 수 없고… 기여할 뿐이다**: 아름다움을 비례로 설명하는 이들은 여러 부분들로 결합된 전체의 아름다움을 설명할 뿐, 단순한 것과 부분의 아름다움을 설명할 수 없다는 비판이다. 사실, 비례는 여럿 사이에서 성립하는 '관계'이기 때문에 관계를 맺지 않는 단순한 것의 아름다움을 설명할 수 없다. 또한 관계를 맺어 전체를 이루는 부분들의 경우, 비례 관계를 통해 전체의 아름다움에 기여하지만, 부분인 한에서 그 자체로서 아름다움을 인정받을 수 없다.

12  **하지만 전체가 아름답다면, 부분도 아름다워야 한다**: 이 주장은 바로 앞에 제기된 반론의 연장선상에 있다. 비례 이론에 따르면, 아름다움은 둘 이상의 부분들로 이루어진 전체에서 성립하기 때문에 부분은 그 자체로 아름다울 수 없다. 그렇다면 아름답지 않은 것들이 결합해서 어떻게 아름다운 전체를 만들 수 있는가? 플로티누스는 전체가 아름답다면, 그것을 구성하는 부분도 비례 관계에 의해서 설명되지 않더라도 아름다워야 한다고 본다. 그는 여기에서 더 나아가 아름다운 전체는 추한

것들로 이루어져서는 안 된다고 주장한다. 이 주장에 반해 추하다고 여겨지는 재료로 얼마든지 아름다운 작품을 만들 수 있다거나 아름다운 작품 속에 추한 부분이 포함될 수 있다는 반론이 가능할 것이다. 그러나 플로티누스에 따르면, 아름다운 전체를 이루는 추한 부분은 추하기만 한 것이 아니다. 추한 부분은 전체의 아름다움에 기여할 뿐만 아니라, 참여한다. 아래 2장 22~24행 참조.

13 그런데 동일한 비례가… 다른 것에 의해서 아름답다고 말해야 하지 않을까: 플로티누스는 Enn. VI 7 [38] 22장에서 아름다운 얼굴을 지닌 사람이 죽었을 때, 시신의 얼굴은 죽기 이전과 동일한 비례를 가지고 있지만, 사람들이 그의 얼굴을 더 이상 보려고 하지 않는다는 점을 지적하면서 아름다움과 생명력 내지 생기를 연결시킨다.

14 만약 우리가… 정리(定理)들이 서로 비례적일 수 있는가: 'theôrema'는 이론의 전제에서 도출되는 명제를 가리킨다. 플로티누스는 플라톤의 『향연』에 제시된 아름다움의 층계를 타고 물체들에 현전해 있는 아름다움, 즉 감각적 아름다움에서 물체가 아닌 것의 아름다움, 즉 비감각적인 아름다움으로 논의를 옮겨 간다. 그는 물체가 아닌 것들, 가령 행실과 말, 법률, 지식, 정리 등의 아름다움을 비례로 설명하는 방식에 회의적이다. 왜냐하면 크기를 갖지 않는 비물체적인 존재의 부분들은 수학적 비례 관계를 가질 수 없기 때문이다.

15 만약 그것들이 서로 합치하기 때문이라면: 플로티누스는 비례 관념을 조화 관념으로 해석해서 비물체적인 아름다움에 적용하는 안을 검토한다. 이 안에 따르면, 비물체적인 것, 가령 지식은 그것을 구성하는 정리들 사이의 조화와 일치로 인해 아름답다고 할 수 있다. 그런데 플로티누스는 나쁜 것들 사이에도 조화와 일치가 성립할 수 있음을 지적한다. 그는 나쁜 생각들 내지 명제들이 서로 어울리는 경우를 예시한다. 그는 '절제는 어리석음이다'와 '정의는 고상한 순진함이다'가 상호 부합하는 명제들이지만, 아름다움을 산출하지 않는다고 본 것이다. 이로부터 한 이론의 정합성이 그 이론의 아름다움을 보장하지 않는다는 결론

이 나온다. 플라톤, 『국가』 560d 2~3[공경(aidôs)은 어리석음이고, 절제는 비겁이라는 명제가 언급됨]; 348c11~d1(정의는 고상한 순진함이라는 주장이 언급됨) 참조.

16 홀로 있는 정신: 개별 영혼들을 초월해 있는 절대 정신을 가리킨다. 플로티누스는 개별 영혼의 사유 능력인 정신과 초월적이고 절대적인 정신을 구분한다.

17 첫눈에 이미 감각되는: 플로티누스는 물체의 아름다움을 규명하기 위해 시각적 아름다움에 주목한다. '첫눈에'로 옮긴 표현에는 원래 'bolê'가 들어 있는데, 이 낱말은 문자적으로 '던짐'을 뜻하고, 이 맥락에서는 시선을 던짐을 함축한다. 시각적 아름다움이 처음 던져진 시선에 이미 감각된다는 것은 시각적 아름다움에 대한 감각의 즉각성을 나타낸다.

18 함께 어울린다: 'synarmottetai'는 자신을 다른 것에 맞추는 것을 의미한다.

19 움츠러들고: 'anilletai'는 영혼이 추함을 꺼리는 모습을 묘사한다. 플라톤, 『향연』 206d6 인용.

20 영혼은 본성상 영혼인 바 바로 그것이고: 플로티누스는 영혼이 형상과 질료의 복합체가 아니라, 비물질적인 형상이라고 여긴다. 가령, 우리가 감각하는 사과는 형상과 질료의 복합체이며 사과인 바 그 자체, 즉 사과의 형상과는 다르다. 이에 반해, 영혼은 그 자체가 일종의 형상이므로 본성상 영혼인 바 바로 그것이다(tên physin ousa hoper esti).

21 있는 것들 가운데 더 나은 존재들에 가까운데: 플로티누스는 존재의 영역을 크게 가지계와 감각계로 나눌 때에는 영혼을 가지계에 소속시키지만, 가지계와 감각계 사이를 매개하는 것으로 제시할 때에는 가지계에 가까운 것으로 묘사한다. 영혼과 가지적 존재들과의 친연성(親緣性)에 대해서는 플라톤의 『파이돈』 79d~80b 참조. '가까운데'는 속격을 받는 전치사 pros를 해석한 것이다. pros+속격은 파생, 의존, 밀접한 관계를 나타낸다. Ferroni, Achard, Narbonne(2021), p. 35.

22 그렇다면 이곳의 아름다운 것들과… 아름답다고 주장한다: '이곳(têide)'

은 감각계를, '저곳(ekei)'은 가지계를 가리킨다. 플라톤, 『파이드로스』 249b~250c 참조. 플로티누스는 플라톤에 따라 감각적 아름다움과 비감각적 아름다움의 유사성을 인정한다. 주의할 점은 플라톤이 물체의 감각적 아름다움을 '아름다움의 형상'의 분유를 통해 설명하는 데 비해, 플로티누스는 '형상'의 분유로 설명하고 있다는 사실이다. 플라톤, 『파이돈』 100c305; 『향연』 211b2~3 참조.

23 **사실, 형태가 없어… 추하다**: '형태가 없다(amorphon)'는 플라톤이 『티마이오스』 50d7~8에서 우주 제작 신화를 제시하면서 형상의 수용자(hypodochê)를 묘사하기 위해 사용한 표현이다. 플로티누스는 아리스토텔레스를 따라 수용자를 질료와 동일시한다. 아리스토텔레스는 감각적 개체를 질료와 형상의 합성물로 보는 질료-형상설(hylemorphism)을 제시했다. 『형이상학』 Z8, 1033b16~19 참조. 또한 아리스토텔레스는 동물이 생성될 때 본성에 부합하게(kata physin) 형상이 질료를 지배하지 못하는 경우, 부모를 닮지 않은 기형아(terata)가 태어난다고 설명한다. 『동물생성론』 770b16~19 참조. 플로티누스는 형상(eidos), 형태(morphê), 이성(logos)을 교환할 수 있는 용어로 사용한다. 다만, 이때 이성은 사유 능력이 아니라, 사물에 형상 또는 형태를 부여하는 이성적 형성 원리를 가리킨다. 이 맥락에서 플로티누스는 형상과 형태를 전혀 나누어 가지지 않는(amoiron) 질료에 절대적인 추(醜)를 귀속시키고, 형상과 질료로 이루어진 물체에서 질료가 형상에 의해 지배되지 않았을 때 상대적인 추를 귀속시킨다.

24 **동질적인 부분들로 이루어진 것**: 플로티누스는 동질적인 부분들로 이루어진 것(to homoiomeres)과 이질적인 부분들로 이루어진 것(to anomoimere)을 구분한다. 돌은 부분들이 서로 비슷할 뿐만 아니라, 전체와도 비슷하다는 점에서 전자에 해당하고, 집은 상호 이질적인 부분들로 구성된다는 점에서 후자에 해당한다. 이 구분은 생물학과 의학 분야에서 통용되었다. 살은 살로, 피는 피로 나누어진다는 점에서 동질적인 부분들로 이루어진 것이지만, 손은 손으로 나누어지지 않고, 얼

굴을 얼굴로 나누어지지 않는다는 점에서 비동질적인 부분들로 이루어진 것이다. 아리스토텔레스, 『동물지』 1권 1장 486a5~8, 『동물부분론』 2권 1~2장 참조.

25 **마치 때로는 기술이… 때로는 어떤 자연이**: 플로티누스는 『가지적 아름다움에 관하여』(Enn. V 8 [31])에서 기술 또는 예술은 단지 눈에 보이는 것을 모방하는 것이 아니라, 자연이 유래한 이성적 원리들로 소급한다고 주장한다(1, 35~36). 자연적 아름다움이 형상에 의한 질료의 지배에서 성립하기 때문에(2, 5~6) 기술 또는 예술은 질료에 형상을 부여함으로써 아름다움을 산출하며(1, 12~15), 이 점에서 자연의 산물이 아니라, 자연의 활동을 모방한다고 할 수 있다.

26 **신적인 것들로부터… 생성된다**: 아름다운 물체는 '신적인 것들', 즉 가지적 형상들에서 유래하는 이성적 형성 원리들을 '나누어 가짐'(koinônia)으로써 생성된다.

27 **물체의 아름다움은 그것에 배정된 능력이 인지하는데… 말할 것이다**: 감각적 아름다움을 인지하는 능력은 영혼의 감각 능력이다. 플로티누스에 따르면, 인간 영혼은 전체적으로 이성적 영혼이며, 이성적 영혼은 감각 능력(to aisthêtikon)과 사유 능력(to dianoêtikon)을 포함한다. 이성적 영혼의 감각은 신체의 감각 기관의 감각과는 달리, 수동적 경험이 아니라 능동적인 판단이다. Enn. IV 4 [28] 22, 29~33; IV 6 [41] 2, 2~3 참조. 그런데 감각적 아름다움에 대한 판단에는 "다른 영혼", 즉 사유 능력이 추가적으로 개입할 수 있다. 그런데 'ὅταν καὶ'(3, 2) 이하 구절("다른 영혼도 함께 판단할 때마다… 말할 때마다")의 번역과 해석에는 논란이 있다. Bréhier와 H-B-T는 해당 구절을 양보절로 해석하고, 'αὕτη λέγῃ'(3, 3)를 'αὐτὴ λέγει'로 고쳐 읽으며 대명사 'αὐτὴ'로 '능력'을 받았다. 이 해석에 따르면, 해당 원문은 다음과 같이 번역될 수 있다. "물체의 아름다움은 그것에 배정된 능력이 인지하는데, 비록 다른 영혼이 함께 판단해도, 그 [능력]보다 제 것에 대한 판단을 위해 더 권위를 가진 것은 없을 것이다. 아마도 그 [능력] 또한 [아름다운 물체를] 자신에

게 있는 형상에 맞추어 보며, 판단을 위해 그 형상을 마치 곧음을 판단하기 위한 자처럼 사용하면서 말할 것이다." 물론, 이 해석에서 일부만 취할 수도 있다. 양보절은 받아들이되, 'αὕτη λέγῃ'(3. 3)를 고치지 않을 수도 있고, 양보절을 거부하고 'αὐτὴ λέγει'로 고쳐 읽을 수 있다. 우선, 필자는 H.-S.「약어」참조)가 확립한 원문에 따라 'αὕτη λέγῃ'라고 읽고, 대명사가 "능력"이 아니라, "다른 영혼"을 받는다고 보았다. 감각 인상을 내적 형상과 비교해서 감각 판단에 대해 반성적이고 추가적인 판단을 내릴 수 있는 것은 감각 능력과는 다른 영혼, 즉 사유 능력이다. 이때 기준이 되는 내적 형상은 곧음의 척도, 즉 자(kanôn)에 비유된다. 이와 관련해서 Enn. I 1 [53] 9. 18~21; V 3 [49] 2. 7~14 참조. 플로티누스는 물체의 아름다움에 대한 감각 능력의 판단이 사유 능력의 추가적인 판단을 통해 더 권위 있도록 보강될 수 있다고 여긴 것으로 보인다. 감각적 아름다움은 감각 능력의 소관이지만, 사유 능력이 내적 형상을 기준으로 함께 판단할 때, 가장 권위 있는 판단을 할 수 있다는 것이다. 이러한 해석에 관해서는 Armstrong, Igal, Tornau (2001), p. 50; Darras-Worms(2007), p. 84; Kalligas(2014), p. 201; Smith(2019), p. 40; Gerson(2018), p. 95; Ferroni(2021), p. 4 참조. 다만, Volkmann, Bréhier, H-B-T, Laurent(2002), p. 70처럼 'ὅταν καὶ'(3. 2) 이하를 양보절로 해석하는 것이 가능하다. 이에 따르면, 영혼의 사유 능력이 감각적 아름다움에 대해 함께 판단을 내린다 하더라도 감각적 아름다움을 판단하는 주된 능력은 감각 능력이다.

28 **바깥에 있는 집은… 말해야 하지 않을까?** : 플로티누스에 따르면, 바깥에 있는 집에서 그것을 구성하는 질료 덩어리를 모두 제거할 경우 남는 형상이 건축가가 지닌 내적 형상과 합치한다. 플로티누스는 집의 건축 과정에서 건축가가 지닌 형상이 그 자체로는 부분이 없는, 즉 분할 불가능한 것이지만, 공간적인 연장을 통해 질료 덩어리에 분할되는 것으로 본다.

29 **그러므로 감각은… 친한 것으로서 건네준다**: 감각(aisthêsis)은 앞서 언급

된 물체의 아름다움을 인지하는 영혼의 능력을 가리킨다. 플로티누스는 어떻게 바깥에 있는 물체의 형상이 내적 형상과 합치할 수 있는지를 인식론적 관점에서 설명한다. 감각은 질료 덩어리에 흩어져 있는 형상을 끌어모아 뭉쳐서 더 이상 나누어질 수 없는 것, 즉 부분이 없는 것(ameres)으로 만들어 영혼의 내부로 보내는데, 그렇게 형성된 비연장적인 형상이 영혼 내부에 있는 형상과 합치할 수 있다.

30 마치 훌륭한 어른에게는… 합치하기 때문에 그러하다: 훌륭한 어른이 젊은 이에게서 덕의 징조를 발견하고 살갑게 느끼는데, 그것이 자신 안에 있는 참된 덕에 합치하기 때문이다. '징조'로 번역한 'ichnos'는 원래 발자국, 흔적, 자취를 뜻하지만, 위의 맥락에서는 이미 있는 덕의 자취가 아니라, 앞으로 생길 덕의 전조 또는 징조를 뜻하는 것으로 보았다. 사람의 외모가, 특히 얼굴이, 영혼의 내적 상태를 드러낸다는 생각은 3~4세기 황제들이나 철학자들의 초상화와 이후 기독교의 아이콘에 영향을 끼치게 된다. 고대 후기와 중세에는 내면의 아름다움을 외적으로 드러내는 예술 작품이 높이 평가되는데, 플로티누스는 이러한 사고의 선구자로 꼽힌다. Brown(1989), p. 74; Darras-Worms(2007), p. 156; Grabar(1992), p. 29~57 참조.

31 색깔의 아름다움은 단순하며… 형상이다: 색깔의 아름다움이 형태에 의해 생긴다는 말은 이상하게 들릴 수 있다. 여기에서 '형태(morphê)'는 물체의 외적인 모양을 뜻하는 것이 아니라, 뒤에 언급된 '형상'과 '이성적 형성 원리'와 같은 의미로 사용되었으며, 문맥상 빛을 가리키는 것으로 보았다. 플로티누스는 색깔이 비물질적인 빛에 의해 산출되는 질(質)이라고 여겼다(Enn. VI 3 [44] 18~19). 이때, 빛은 어두운 질료에게 형태, 형상 또는 이성적 형성 원리로서 작용한다. Enn. II 4 [12] 5, 7~12; IV 5 [29] 7, 37~41; 54~55 참조. Emilsson(1988), pp. 52~55 참조.

32 이로부터 불 또한… 나온다: 플라톤, 『티마이오스』 40a2~4: "한편으로 그는 신적인 부류의 형태 대부분을 불을 가지고서 만들어 갔는데, 이는 것들이 최대한 밝게 빛나고, 또 보기에도 가장 아름답도록 하기 위함이

었지요."(김유석 번역)

33 **하지만 힘이 없는 것은… 아름답지 않게 된다**: 'Τὸ δὲ μὴ κρατοῦν'(3, 26)은 해석상 논란이 있다. 이 표현에서 동사를 타동사로 간주하고 직역하면, '지배하지 못하는 것'인데, 위의 맥락에서는 '지배되지 못한 것'이 오는 것이 오히려 자연스럽기 때문이다. 그래서 Ficino와 Volkmann은 'κρατούμενον'으로 고쳐 읽었다. 역자는 원문을 고치는 대신 동사를 자동사로 취해서 '강하지 못한 것', 즉 '힘이 없는 것'이라고 번역했다. Darras-Worms(2007), p. 86 참조. '힘이 없는 것'은 내용상 형상이 질료를 온전히 제압하지 못한 물체, 다시 말해 형상을 분유하는 능력이 부족한 물체를 가리키는 것으로 보았다. 이 해석에 따르면, 빛에 의해 어둠을 제압하지 못한 물체는 색깔의 형상을 온전히 분유하지 못하기 때문에 색깔이 아름답지 않다. 이와 달리, H-B-T와 Igal은 '힘이 없는 것'이 약한 불을 지시한다고 보았다. Armstrong은 밝은 불빛에서 색깔이 희미하고 바래 보이는 물체를 가리킨다고 보았다("The inferior things which becomes faint and dull by the fire's light is not beautiful any more."). Tornau(2001)는 'Τὸ δὲ μὴ κρατοῦν'을 '만약 반대로 불이 지배하지 않는다면'(Wenn [das] Feuer dagegen nicht vorherrscht, p. 51)으로 풀어서 번역했고, 한 물체의 구성에서 불이 지배하지 않고 흙이나 물 같은 다른 원소들이 차지하는 비중이 커질 경우, 혼탁한 색깔이 나타난다는 해석을 제안했다(pp. 335~336). Kalligas(2004), p. 202는 'ὅλου'(3, 28, MSS, H.-S.) 대신 'ὅλον'으로 읽으면서 '힘이 없는' 물체가 색깔의 형상 전체를 분유하지 못하는 것이 아니라, 물체가 전체로서(as a whole) 색깔의 형상을 분유하지 못한다고 해석했다. 역자는 H-S의 원문을 변경하지 않고, 형상 전체를 분유하지 못한다는 말의 의미를 형상을 온전히 분유하지 못한다는 말로 해석했다.

34 **소리들 안에 있는 조화들은… 이해를 갖도록 만든다**: 음악의 화성에서 들리는, 즉 감각적 화성은 들리지 않는, 비감각적 화성의 산물이다. 비감각적 화성은 지적인 이해(synesis)의 대상이다. 동일한 가지적 화성이

다양한 소리들이나 악기들을 통해 감각적으로 실현될 수 있다. 헤라클레이토스의 단편(DK B54) 참조: "드러나지 않은 조화가 드러난 조화보다 낫다(ἁρμονίη ἀφανὴς φανερῆς κρείττων)."

35 **그것들은 실로 모상들과 그림자들로… 우리를 경악케 한다**: 플로티누스는 감각적인 아름다움을 진본이 아닌 모상, 실체가 아닌 그림자로 제시하며 저승에서 부유하는 망령(亡靈), 즉 죽은 자의 환영(幻影)에 비유한다. 이 구절은 호메로스의 『오뒷세이아』에서 발견되는 망령들의 묘사를 연상시킨다. 10권 495행에서 마법사 키르케는 오뒷세우스에게 하데스에서는 오직 예언자 테이레시아스만이 정신이 있고, 다른 이들은 '휙휙 날아다니는 그림자들'이라고 말한다. 11권 207행에서는 오뒷세우스가 하데스에서 어머니를 만나 세 번 붙잡으려 했지만, 매번 어머니의 망령이 '그림자나 꿈처럼' 손길을 벗어나 휙 날아가 버리는 장면이 묘사되어 있다.

36 **더 앞에 놓인 아름다운 것들에 관해서는… 보아야 한다**: 아름다움의 층계를 타고 올라가는 사람의 관점에서 더 앞에 놓인 아름다운 것들은 물체가 아닌 것들, 가령 행실, 지식, 덕 등을 가리킨다. 이러한 비물체적인 것들의 아름다움을 인지하는 영혼의 능력은 감각이 아니다. 영혼은 감각하기 위해 '도구들'을 사용해야 하지만, 비물체적인 것들은 '도구들 없이' 인식한다. 이 구절에서 '도구들(organa)'은 영혼이 감각을 위해 사용하는 감각 기관들을 가리킨다. 플로티누스는 감각의 주체는 인간의 이성적 영혼이라고 여겼다. 이때, 감각은 신체의 감각 기관들을 매개로 대상을 인지하고 판단하는 작용으로 이해된다. 플로티누스는 외부 자극에 대한 신체 기관들의 감응을 '외적 감각'이라 칭하고, '우리 영혼의 감각, 즉 감각 대상에 대한 이성적 영혼의 판단과 구분하기도 한다. 플로티누스의 감각이론에 대해서는 Emilsson(1988)을 참조하라.

37 **덕의 광휘**: 플라톤은 『파이드로스』 250b 2~4에서 이 세상에 있는 정의나 절제 등의 덕은 원형이 되는 덕의 닮은꼴에 불과하며, 어떤 닮은꼴에도 광휘 또는 광채(phengos)가 없다고 말한다. "정의나 절제를 비롯

해서 그 밖에 영혼들의 지위에 걸맞은 것들의 닮은꼴들로서 여기 있는 것들 가운데 어떤 것 안에도 광채가 없고, 몇몇 사람들은 겨우 희미한 감각 기관들을 통해 모상들에 다가가 그것들의 원형이 되는 것의 부류를 바라보네."(조대호 번역) 플로티누스는 원형적인 덕에는 닮은꼴에 없는 광휘가 있다고 생각한 것으로 보인다.

38 정의와 절제의 얼굴이… 저녁별도 새벽별도 그처럼 아름답지 않다: 에우리피데스의 『멜라니페』 단편 486(Nauck); 아리스토텔레스, 『니코마코스 윤리학』 1129b28~29 참조. 플로티누스는 이 구절을 Enn. VI 6 [34] 6, 37~42에서도 인용한다.

39 영혼이 그러한 것들을 볼 때 사용하는 기관: 영혼이 무언가를 통해 그러한 것들을 본다고 할 때 그 무엇('ᾧ ψυχὴ τὰ τοιαῦτα βλέπει')이 가리키는 것은 영혼의 정신이다. 플라톤, 『향연』 212a1~3 참조. 이 맥락에서 정신은 '영혼의 눈'에 해당한다. 영혼의 정신은 신적 정신과는 다르다. 본문에서는 '기관'에 해당하는 원어는 없다. 다만, 위에서 감각 기관들이 영혼의 도구들로 언급되었기 때문에 가지적 대상을 '보는' 영혼의 인식 능력을 시각 기관에 비유해서 '기관'으로 새겨서 옮겼다. 위에서 '도구'로 번역된 그리스어 'organon'은 '기관'의 의미로도 사용된다.

40 아니, 우리는… 그것들을 보았어야 하고: 비감각적인 아름다움을 경험하지 못한 사람들은 그것의 아름다움에 대해 말할 수 없다. 따라서 그것의 아름다움에 대해 말할 수 있으려면 그것을 보고 경험했어야 한다. Tornau(2001), p. 52: "Sondern man muss es gesehen haben mit einem Organ, womit die Seele so etwas anschaut…"; Smith(2019), p. 48: "but there must be those who see by means of…"(비감각적 아름다움을 본 사람들이 있어야만 한다) 참조.

41 무엇이든 아름다운 것에 대해서는 이러한 감정들: 아름다움이 불러일으키는 감정들(pathê)에 대해서는 플라톤, 『향연』 211d5; 『파이드로스』 251a~252a 참조.

42 똑같이 찌르는 듯한 아픔을 겪는 게 아니라… 사랑하는 자라 불리기도 한다:

사랑하는 영혼이 경험하는 찌르는 듯한 아픔에 관해서는 플라톤의 『파이드로스』 251d6 참조. 플로티누스는 아름다운 육체를 보고서 극심한 통증을 겪는 사람이 사랑하는 자로 불리는 점을 지적한 후, 아름다운 영혼을 보고서 사랑에 빠지는 사람의 경험에 대한 논의로 넘어간다.

43 그렇다면 이제: δή(5, 1).

44 내적인 아름다움: 플로티누스는 아름다움의 층계를 타고 감각적 아름다움에서 비감각적 아름다움으로 올라가는 경험에서 영혼이 지닌 아름다움의 경험을 내면의 경험으로 제시한다. 우리는 영혼의 아름다움을 경험하기 위해 다른 영혼을 쳐다보는 것이 아니라, 올라가고 있는 우리 자신의 영혼을 향해 시선을 안으로 돌려야 한다. 이런 식으로 플로티누스에게 영혼의 상승은 내적 전회로 귀결된다. 당대 유명한 추남이었지만 동시에 매력남이기도 했던 소크라테스는 외모의 아름다움이 아니라, 내면의 아름다움을 인간이 추구해야 할 가치의 중심으로 가져온 상징적인 인물이다. 플라톤의 『파이드로스』의 마지막에서 소크라테스는 내면의 아름다움을 위해 기도한다. "오, 친애하는 판과 여기 계신 다른 신들이여, 제가 내면으로부터(tandothen) 아름다워지도록 허락하소서." (279b9)

45 어떻게 열광과 흥분에 빠지게 되며… 자기 자신과 함께하길 갈망하게 되는가?: 플로티누스는 우리가 우리 자신의 영혼이 지닌 아름다움에 반해 사랑에 빠지는 아주 특별한 경험을 논한다. 그는 자신의 내적 아름다움을 본 사람의 감정을 '바쿠스적' 열광(6: anabakcheuesthe)으로 묘사한다. 또한 바로 이어지는 구절에서 영혼이 자기 자신을 육체로부터 끌어모은다(syllexamenoi)고 말하는데, 이러한 묘사들은 잘 알려진 한 오르페우스교 신화를 연상시킨다. 그 신화는 디오뉘소스-자그레우스가 티탄들에 의해 갈기갈기 찢겨져 죽었지만, 아폴론이 흩어진 시신 조각들을 수습해서 원상 복구하여 부활시킨 이야기를 담고 있다. 이집트에도 이와 유사한 신화가 있는데, 세트에 의해 죽임을 당한 오시리스의 시신 조각들을 이시스가 수습해서 원상 복구하는 내용이다. 플로티누스

가 살았을 무렵, 디오니소스-오시리스 신화에 대한 우의적 해석들이 유행했다. 플로티누스는 이 신화에서 찢겨진 육체를 원상 복구하는 이야기가 아니라, 육체를 돌보느라 이리저리 흩어진 영혼을 모아 원래의 지적인 상태를 회복하는 것, 다시 말해 산만해진 정신을 집중하여 제정신으로 돌아가는 이야기를 읽어 낸 것으로 보인다. 후대 신플라톤주의자 올림피오도로스는 『파이돈』에 대한 주해서에서 육체의 영향과 근거 없는 믿음에서 벗어나 '자신을 수습하는 것(synageiresthai; athroizesthai)'이라는 표현을 사용하며 '자신을 수습하는 것'이 '티탄적인 삶에서 통일적인 삶으로 넘어가는 것'이라고 말한다(In Phd. 7, 10, 3~8; Orph. fr. 211). 영혼이 자신의 부분들을 '모음(syllegein)'으로써 자기 자신과 신성의 인식에 이른다는 생각은 영지주의 복음서들(apud Epiph. Adu. haer. 26, 13, 2, 292, 16~19; 26, 3, 1, 278, 12~13)과 포르피리오스의 작품들(Marc. 10, 111, 10~16; Sent. 32, 32, 6~13)에서도 발견된다. 이에 대해서는 Kalligas(2014), p. 203 참조.

46 영혼은 그 자체로 무색인가 하면: 플라톤, 『파이드로스』 247c6. "색도 없고 모양도 없으며 만질 수도 없는 존재가 진정으로 있는 것이니…."

47 덕들의 다른 광휘 또한 지닌다: 플로티누스는 플라톤을 본받아 감각적 존재가 지니는 색과 대비되는 비감각적 존재의 광휘 내지 광채를 가리키기 위해 그리스어 'φέγγος'(phengos)를 사용한다. 플라톤, 『파이드로스』 250b3. 위의 주석 36 참조.

48 억센 얼굴을 한 용기: 호메로스, 『일리아스』 7.212. 전투에 나아가는 아이아스 묘사에서 따온 표현이다. 천병희 번역 참조: "험상궂은 얼굴에"(197쪽). 여기에서 형용사 'blosyron'은 용맹한 장수의 털이 덥수룩하고 억센 모습을 묘사한다. 이후 특히 용기와 연결되어 단호함, 엄정함, 근엄함 등의 의미로 사용된다. 플라톤, 『국가』 535b 참조.

49 무감동의 상태에서 펼쳐진 위엄과 경외: '펼쳐진'은 문법상 '경외'에 걸리지만, 의미상 '위엄과 경외' 모두에 걸리는 것으로 보았다.

50 신 같은 모습의: 'theoeidê'는 '신의 모습을 한', 또는 '신과 유사한'으로

옮길 수도 있다.

51 **자, 추한 영혼이 있다고 하자**: 추한 영혼의 묘사는 플라톤, 『고르기아스』 524e7~525a6 참조.

52 **마치 바깥에서 들인 '아름다움'처럼**: 추함을 바깥에서 들인 '아름다움'과 연결시키는 것이 내용상 부자연스럽다는 이유로 MSS에 전해진 'kalon'을 'kakon'(나쁨)으로 수정하자는 제안이 있었다. 그러나 바깥에서 덧붙은 것이 실제로는 추하지만, 아름답게 보일 수 있기 때문에 영혼을 상하게 만들 수 있다. 따라서 추함은 바깥에서 들인 기만적인 아름다움일 수 있다.

53 **뒤범벅이 되게**: 플라톤, 『파이돈』 66b5.

54 **마치 흙과 같은 것으로 오염된 금처럼 말이다**: 영혼과 금의 비유는 플로티누스의 두 번째 논고에서도 사용된다. Enn. IV 7 [2] 10, 47~50. 이 비유는 로마 제정기에 유행했던 발렌티누스의 영지주의에서도 발견된다 (apud Iren. *Adu. harer.* I 6, 2, 623~629 참조). '오염되다'로 번역한 동사 'ἀναπεπλῆσθαι'는 '이루다', '채우다', '감염시키다'를 의미하는 'ἀναπίμπλημι'의 현재 완료 수동태인데, '감염되다'의 의미와 가까운 번역어를 택했다. 플라톤은 『파이돈』 67a에서 같은 동사를 '감염시키다'의 의미로 사용했다. "전적으로 불가피하지 않다면, 최대한 몸과 어울리지도, 함께 지내지도, 그것의 성질에 감염되지도 말고, 신 자신이 우리를 풀어 줄 때까지 그것으로부터 우리를 순수하게 하는 것입니다."(전헌상 번역)

55 **다른 본성으로부터 온 추함을 모두 버린 것이다**: '다른 본성'은 질료를 가리킨다.

56 **옛말에 이르길… 옳다**: 옛말은 플라톤의 『파이돈』 69c1~6에 나온 내용을 가리킨다. 그곳에서 소크라테스는 고대의 비밀 종교의 입교 의식을 인용하며, 절제, 정의, 용기와 지혜(phronêsis)를 일종의 정화(katharsis)로 제시한다. '지혜'로 옮긴 그리스어 'phronêsis'는 아리스토텔레스의 윤리학에서는 이론적 지혜(sophia)와 구분되는 실천적 지혜를 가리키지

만, 이 맥락에서는 실천적 지혜라는 의미에 국한되지 않고 넓은 의미에서 사유의 덕을 지시한다.

57 마치 돼지들이… 반기는 것과 같다: 헤라클레이토스의 단편 "돼지들은 깨끗한 물보다 진흙탕을 더 즐긴다."(DK22B13) 인용. 김인곤 외 옮김, 『소크라테스 이전 철학자들의 단편 선집』(2005), 239쪽 참조.

58 죽음이란 영혼이 몸과 분리되는 것이다: 플라톤, 『파이돈』 64c5~7 참조.

59 신적인 것: 생성소멸의 영역이 아닌 영원불멸의 영역, 즉 가지계를 뜻한다.

60 정신: 영혼이 지닌 정신이 아니라, 절대 정신, 즉 신적 정신을 가리키는 것으로 보인다.

61 신을 닮는 것: 고대 플라톤주의자들은 신을 닮는 것을 철학의 목표로 삼았다. 플라톤, 『테아이테토스』 176b1(ὁμοίωσις θεῷ) 참조. 플로티누스는 이 작품에서 신을 만물의 궁극 원리인 좋음과 동일시한다. *Pace* Smith(2019), p. 63(In the formular here, "god," who is the source of beauty, to be identified with Intellect.).

62 왜냐하면 저기에서… 있는 것들 가운데 다른 영역이 나왔기 때문이다: 'ekeithen'에서 저기(ekei)는 신(神)을 가리킨다. 신으로부터 있는 것들(ta onta) 가운데 감각되는 것들의 영역과 다른 영역, 즉 가지계가 나왔다. 신은 가지계를 산출했으며, 엄밀한 의미에서는 가지계를 초월해 있다. 이 문장에서 가지계는 아름다움과 동일시된다. 신, 즉 좋음은 아름다움을 산출했다고 할 수 있다.

63 아니면 오히려 있는 것들이 아름다움이고, 그와 다른 본성이 추함인데: 엄밀한 의미에서 있는 것들(ta onta), 즉 참된 존재가 아름다움(kallonê)이고, 그것에 반대편에 자리한 질료가 추함(to aischron) 그 자체이다. 여기에서 '본성'으로 옮긴 그리스어 'physis'는 특정 사물의 본질적 특성이 아니라, 본래적인 존재, 즉 원래 있는 것을 의미한다. 이런 의미에서 질료는 플로티누스가 생각하는 존재의 기본 구조에 포함되어 있다. 질료는 감각계의 저변에 놓여 있는 '것'을 가리킨다. 그러나 질료는 엄밀한

의미에서 있는 것, 즉 가지적 존재도 아니고, 그것의 모상인 감각적 존재도 아니다. 이런 시각에서 그것은 존재와 다른 '비존재'로 간주된다.

64 저 신에게도: 대명사 κἀκείνῳ(H.-S.에 따라 읽음)가 앞에서 언급된 '신'을 받는 것으로 보았다.

65 그리고 첫 번째 아름다움으로: 논의의 흐름에 비추어 'to prôton'(6, 25) 다음에 'kalon'이 생략된 것으로 보았다. '좋음이기도 한 아름다움'이 만물의 제일 원리라는 의미에서 'to prôton', 즉 '첫째' 또는 '으뜸'으로 지칭될 수도 있다.

66 이것으로부터 곧바로 정신, 즉 아름다움이 나온다: 플로티누스는 정신에 상응하는 아름다움을 좋음이기도 한 아름다움과 구분한다. 그에 따르면, 좋음이기도 한 아름다움에서 곧바로 정신이기도 한 아름다움이 나온다. 좋음과 정신과 달리 영혼은 그 자체로 아름다운 것이 아니라, 정신을 통해 아름다울 수 있다. 좋음에서 정신이 나오고, 정신에서 영혼이 나온다는 주장은 — '나온다'는 말의 의미가 정확히 무엇인지를 괄호에 두자면 — 플로티누스의 형이상학 가운데 이른바 '유출설'의 핵심이다. 위의 단락에서 플로티누스는 유출설을 적용해서 아름다움의 형이상학적 계보를 서술하려고 한 것으로 보인다. 이런 해석과 달리, 위의 문장은 문법상 다음과 같이 번역될 수 있다. "이로부터 곧바로 정신이 아름다움이라는 것과 정신을 통해 영혼이 아름답다는 것이 따라 나온다." Laurent(2002), p. 75 참조. 하지만 이 번역의 문제는 전제("첫 번째 아름다움으로 좋음이기도 한 바로 그 아름다움을 놓아야 한다.")로부터 '곧바로' 결론이 따라 나오지 않는다는 것이다.

67 그것을 향해 돌아서며: 좋음을 향해 돌아섬은 그것을 향한 마음의 돌이킴, (불교 용어로) 돌이마음, 즉 회심(回心)을 가리킨다.

68 플라톤, 『고르기아스』 523c.

69 그는 순일하고 단순하며 순수한데: 플라톤의 『향연』에서 디오티마는 '아름다움 자체(auto to kalon)'가 순일하고(eilikrines) 순수하다고(katharon) 표현한다(211e1). 이에 비해, 플로티누스는 좋음 자체를 묘사하기 위해

두 형용사를 사용한다.

70 만물이 그에 매달려 있고 그를 바라보며, 존재하고, 살고, 인식한다: 플로티누스는 아리스토텔레스가 우주 전체를 움직이는 부동의 원동자를 만물의 원리로 묘사하기 위해 사용한 표현들을 사용한다. 아리스토텔레스, 『천체론』 A9, 279a28~30; 『형이상학』 Λ7, 1072b13~14.

71 그렇다면… 그것을 본다면 말이다: 『향연』 211d8~e2; 211a8 참조.

72 사실, 이 모든 것은… 파생된 것이다: 물체의 감각적인 아름다움은 물체 본연의 것이 아니라, 외부에서 부가된 것이다.

73 Harder의 번역에 따라 '아름다움(Schönheit)'을 목적어로 보충해서 읽었다.

74 마지막 경기의 목표이고: 플라톤, 『파이드로스』 247b5~6.

75 최상의 관조에서 빈손으로 돌아가지 않기 위함이니: '빈손으로 돌아가다'로 의역한 그리스어 구절은 'amoirous genesthai'로 직역하면 '아무 몫도 못 챙기다' 또는 '참여하지 못하다'로 옮길 수 있다.

76 복된 광경: 플라톤, 『파이드로스』 250b6.

77 왕권을 성취하지 못한 자가 불운한 것이 아니라… 오직 그것을 성취하지 못한 자가 불운하다: 플로티누스는 인생의 성공과 실패, 행운과 불운을 다루는 논의에서 절묘한 언어유희를 통해 자신의 논점을 피력한다. '성취하지 못한 자'로 옮긴 'mê tychôn'과 '불운한 자'로 옮긴 'atychês'는 둘 다 어원상 동사 'τυγχάνω'와 연관된다. 이 동사는 우연히 일어나다, 성취하다, 성공하다, 맞추다 등의 다양한 의미를 지닌다. 이 동사에서 파생된 명사 'tychê'는 운이나 우연을 뜻하고, 'teuxis'는 성취와 성공을 뜻한다. 플로티누스는 어원상 연관된 단어들의 상이한 의미들을 연결하여 새로운 의미를 부여하는 재치를 보여 준다.

78 헤아릴 수 없는 아름다움: 플로티누스는 플라톤의 『국가』에 나온 논의를 따라 좋음을 '헤아릴 수 없는 아름다움'이라 부른 것으로 보인다. 플라톤, 『국가』 509б~7: "헤아릴 수 없는 아름다움을 말씀하고 계시군요. 그것이 [좋음이] 인식과 진리를 제공하지만, 그것 자체는 아름다움에 있

어 이것들을 넘어선다면 말씀입니다."(박종현 번역 일부 수정). 박종현 교수는 'amêchanon kallos'를 '굉장한 아름다움'으로 번역했다. 동일한 표현이 『향연』 218e2에도 나온다. 플로티누스는 본문에서 이 표현을 언급하기 직전에 "무슨 수가 있는가?"라고 물었는데, 이때 '수'로 옮긴 그리스어 'mêchanê'와 어원상 연결되어 있다. 'amêchanon'은 수단 내지 방책이 없다(without means or resources, helpless)는 의미와 더불어 헤아릴 수 없다, 엄청나다, 굉장하다(inconceivable, extraordinary, enormous, infinitely great etc.)는 의미를 지닌다(LSJ). 플로티누스의 언어유희적 측면이 발견되는 대목이다.

79 닮은꼴이고 흔적이며 그림자라는 것을 깨닫고서: 7행에서 필사본과 H.-S.²의 γνόντας 대신 Ficino(cognoscentem)와 Harder에 따라 γνόντα 로 읽음.

80 마치 물 위에 어린 아름다운 영상을 붙잡길 원한 자가: 연못에 비친 자신의 모습을 보고 사랑에 빠진 나르키소스를 암시한다. 자기애 또는 자아도취를 뜻하는 용어 'narcissism'은 이 신화적 인물의 이름에서 유래한다.

81 그러니 '사랑하는 고향으로 도피하자': 그리스어 원문(φεύγωμεν δὴ φίλην ἐς πατρίδα)은 호메로스의 『일리아스』 2권 140행의 문장과 가장 유사하다(φεύγωμεν σὺν νηυσὶ φίλην ἐς πατρίδα γαῖαν: "배를 타고 사랑하는 고향 땅으로 도피하자."). 플로티누스는 영혼의 귀향을 다루고 있기 때문에 "배를 타고(σὺν νηυσὶ)"와 "땅(γαῖαν)"을 생략했다. 그는 영혼의 귀향이 "이 땅에서 저 땅으로" 이동하는 것도 아니고, 말수레나 배가 필요한 것이 아님을 명시한다. 위의 문장에 포함된 "사랑하는 고향으로"는 『오뒷세이아』에서 오뒷세우스의 귀향을 묘사하기 위해 사용된 표현을 상기시킨다. 플로티누스는 특히 오뒷세우스가 칼립소와 키르케를 떠나 "사랑하는 고향으로"(φίλην ἐς πατρίδα: 5.37; 204), 또는 "사랑하는 고향 땅으로"(φίλην ἐς πατρίδα γαῖαν: 10.562) 되돌아가는 이야기를 염두에 둔 것으로 보인다.

82 너에게로 되돌아가서 보라: 이 구절이 아우구스티누스에게 영향을 끼

친 것으로 여겨진다. 아우구스티누스, 『참된 종교에 관하여(*De vera religione*)』 39, 72: "밖으로 가지 말라, 네 자신 안으로 되돌아가라(Noli foras ire, in te ipsum redi)."

83 절제가… 멈추지 마라: 플라톤, 『파이드로스』 254b 7; 252d 7.

84 자신감: 직역하면, 자신에 관한 용기.

85 보는 것은 보이는 것과 동류이자 닮은 것으로 만들어지고 나서: 플라톤, 『티마이오스』 45b~d.

86 어떤 눈도 태양을 닮지 않고서는: 태양을 닮은(hêlioeidês) 눈만이 태양을 볼 수 있다는 생각은 플라톤의 태양의 비유에 포함되어 전한다. 『국가』 508b3; 509a1 참조.

87 누군가 신과 아름다움을 보려 한다면, 실로 먼저 오롯이 신을 닮고 오롯이 아름답게 되도록 하라: Darras-Worms(2007)는 이 문장에서 신과 아름다움이 '단 하나의 동일한 실재'(une seule et même réalité, p. 241)라고 주장하고, '신과 아름다움' 대신 '신, 즉 아름다움'이라고 번역하길 제안한다(p. 102). 하지만 신적 정신의 차원에도 아름다움이 있으니 위 문장에서 지시하는 아름다움을 신의 차원으로 국한할 필요는 없을 것 같다. 이어지는 글에서 플로티누스는 신을 보고 닮는 것이 정신의 단계에서 끝나지 않고, 좋음의 본성에서 완결된다고 보며, 좋음의 본성을 아름다움과 구분하기도 하고, '첫 번째 아름다움'이라고 부르기도 한다. 결말에서 그는 '아름다움'의 애매성에 대해 더 이상 파고들지 않은 채 '아무튼 아름다움이 저기에 있다'는 말로 논의를 마무리 지었다. 괴테는 위의 구절에 담긴 생각을 한 현자에게 귀속시키며 『색채론(*Farbenlebre*)』의 서문에서 다음과 같이 독일어 운문으로 표현했다. "Wär' nicht das Auge sonnenhaft,/ Wie könnten wir das Licht erblicken? / Lebt nicht in uns des Gottes eigene Kraft, / Wie könnt' uns Göttliches entzücken?(눈이 태양과 닮지 않았다면, 어찌 우리가 그 빛을 볼 수 있겠는가? 우리 안에 신 자신의 힘이 살지 않는다면, 어찌 신성이 우리를 황홀케 할 수 있겠는가?)"

88 정신과 존재의 산물들에 의해: Darras-Worms와 Harder와 함께 H.-S.²에 따라 37행에서 οὐσίας로 읽었다. Armstrong은 H.-S.¹에 따라 οὐσία라고 읽었다: "by the products and essence of intellect(정신의 산물들과 본질에 의해)."
89 그것의: 35행의 '아름다움(to kallos)'을 가리키는 것으로 보았다.
90 좋음의 본성: 플라톤, 『필레보스』 60b10.
91 형상들의 장소: 플라톤, 『국가』 517b5.
92 좋음은 저 너머에 자리한 것: 플라톤, 『국가』 509b9.
93 아름다움의 원천과 시원: 플라톤의 『파이드로스』 245c9에 언급된 표현을 맥락에서 자유롭게 따온 것이다. 해당 맥락에서는 영혼이 운동의 원천이자 시원으로 제시된다.
94 아무튼 아름다움은 저기에 있다: '저기(ekei)'는 가지계를 가리킨다. 가지계는 좁은 의미에서는 정신 내지 형상의 영역을 가리키지만, 넓은 의미에서는 좋음과 영혼을 포함한다. 플로티누스는 Enn. V 8 [31]에서 가지계와 가지적 아름다움에 대해 한층 더 심도 있는 논의를 제공한다.

# 작품 안내

『아름다움에 관하여(Περὶ τοῦ καλοῦ)』는 플로티누스의 저술 가운데 가장 널리 알려지고 가장 많이 읽힌 작품이다. 플로티누스의 전집을 편찬한 포르피리오스는 『플로티누스의 생애와 책들의 순서에 관하여』에서 저작의 집필 순서를 밝히며 이 책을 가장 앞에 놓았다.[1] 사실, 이 책이 플로티누스의 첫 작품인지는 확인

---

1 『플로티누스의 생애와 책들의 순서에 관하여』(이하 VP로 축약) 4.21~22. 지금까지 전승된 플로티누스 저작 판본이 대부분은 포르피리오스가 편집한 『구론집(九論集)』으로 거슬러 올라간다. 포르피리오스의 편집본은 총 6권 54편의 논고로 이루어져 있으며, 각 권마다 아홉 편의 논고들이 실려 있어 그리스어로 '아홉'을 의미하는 'enneas'의 복수형인 'enneades'(엔네아데스)라고 불린다. 이에 상응하여 이 책에서는 포르피리오스가 편집한 플로티누스 전집의 명칭을 '구론집'으로 번역했다. 각 논고의 장 구분은 15세기 르네상스 철학자 피치노(Ficino)에서 유래한다. 현대적인 비판본으로 앙리-슈비처의 대비판본(editio maior: H.-S.[1])이 1973년 완간되었다. P. Henry, H.-R. Schwyzer(eds.),

할 수 없다. 다만, 포르피리오스가 플로티누스의 학원에 합류하기 이전에 집필된 초창기 저술임은 분명하다.

마흔아홉에 글을 쓰기 시작한 플로티누스의 저작을 통틀어 볼 때 그의 학문에서 사상의 큰 변동이 있었던 것 같지는 않다. 물론, 철학자의 살아 있는 정신에 사유의 정체나 고착처럼 어울리지 않는 것은 없을 것이다. 죽음을 앞두고 플로티누스가 남긴 글들은 사유의 전진을 위한 한 노장의 꺾이지 않는 노력을 증언한다. 그러나 이러한 전진은 그가 열망한 목표를 향한 것이지 정처 없는 방랑은 아니었다. 그는 이 목표를 플라톤을 따라 '좋음'이라 불렀다. 그리고 이 '좋음'으로 우리를 이끄는 것이 아름다움에 대한 우리의 사랑과 인식이라고 여겼다. 그는 '좋음'이라 불리는 최종적인 가치를 '아름다움'에 대한 경험과 이해의 심화를 통해 접근하려고 시도했다. 『아름다움에 관하여』는 이러한 시도의 첫 단추에 해당한다.

『아름다움에 관하여』는 고독한 철학자의 독백이 아니다. 이 작

---

*Plotini Opera*, Paris, 1951~1973(Tomus I: Porphyrii vita Plotini, Enneades I-III, 1951; Tomus II: Enneades IV-V, Plotinuana Arabica, 1959; Tomus III: Enneades VI, 1973). 앙리-슈비처 소비판본(editio minor: H.-S.$^2$)은 1982년에 완간되었다. *Plotini Opera*, Oxford, 1964~1982 (Tomus I, 1964; Tomus II 1977; Tomus III, 1982). 『구론집(*Enneades*)』은 'Enn.'으로 축약되며, 통상적인 인용 방식은 다음과 같다. 예) Enn. I 6 [1] 1, 1 (제1권, 제6편 [작품이 쓰인 시기상 첫 번째] 제1장, 제1행)

품은 그가 철학 학교에서 동료와 학생들과 나누었던 대화의 산물이자 그 연장이다. 이 글에서 저자는 독자에게 말을 건다. 플로티누스는 좋음을 향한 철학적 여정에 독자를 초대하고, 아름다움에 대한 탐구를 독려한다. 이처럼 이 글에는 철학하기를 권유하는 성격이 두드러진다. 이러한 종류의 권유서는 특수한 문제를 보다 체계적이고 전문적으로 다루는 이론서와 구분되며, 저자가 가장 중요하게 생각하는 철학적 주제들이 개괄된다는 점에서 그의 철학으로 들어가기 위한 입문서로 적절하다. 『아름다움에 관하여』에 대한 해설에 앞서 플로티누스의 철학사적 위치 및 그의 생애와 작품을 간략하게 소개한다.[2]

## 1. 플로티누스와 신플라톤주의

플로티누스(205~270)[3]는 신(新)플라톤주의의 주창자로 알려져

---

2 아래 내용은 필자가 『서양고대철학 2』(도서출판 길)에 실은 「플로티누스」와 《인문논총》(서울대학교 인문학연구원) vol. 69에 게재한 논문 「거룩한 철학자의 초상 — 포르피리오스의 『플로티누스의 생애』를 중심으로」를 바탕으로 서술한 것이다. 플로티누스의 철학에 대한 입문서로 피에르 아도의 『플로티누스, 또는 시선의 단순성』(탐구사), 도미니크 오미라의 『플로티노스, 엔네아데스 입문』(탐구사)을 권한다. 신플라톤주의에 대한 입문서로는 왈리스의 『신플라톤주의』(누멘), 전광식의 『신플라톤주의의 역사』(서광사) 1장을 참조하라.

3 'Plotinus'는 라틴어 'Plautinus'에서 파생된 명칭이지만, 그리스어 문헌에서는 Πλωτίνος[플로티노스]로 표기된다. 이 책에서는 원래의 로마식 명칭에

있다. 신플라톤주의는 서양의 고대 후기를 대표하는 철학 사조로서 고대 철학 전통을 통합하여 중세에 전하는 데 중요한 역할을 한 것으로 평가된다. 서구 라틴 중세와 비잔티움 및 이슬람은 신플라톤주의를 통해 고대 그리스 철학, 특히 플라톤과 아리스토텔레스의 철학에 접근할 수 있었다.

나아가, 신플라톤주의는 그리스도교와의 대립과 갈등에도 불구하고 그리스도교 신학의 성립과 발전에 지대한 영향을 끼쳤다. 신플라톤주의를 수용한 대표적인 신학자로 서방 교회의 아우구스티누스와 동방 교회의 니사의 그레고리오스를 꼽을 수 있다. 성 디오니시오스 아레오파기타의 이름 아래 전해진 고대 후기 어느 신플라톤주의자의 저술들은 오랫동안 동·서방 교회에 큰 권위를 떨쳤다.

신플라톤주의는 이슬람 철학과 신학의 태동에도 큰 영향을 끼쳤다. 플로티누스의 글들이 익명의 '그리스 노인' 또는 '그리스 현자'의 작품으로 널리 인용되었다. 흥미롭게도 『구론집』 4~6권을 풀어 쓴 책이 '아리스토텔레스 신학'이라는 제목으로 유포되었고, 알-킨디와 알-파라비와 같은 저명한 학자들에 의해 사용되었으며 이후 중세 서구에도 전해졌다.

르네상스기 피렌체에서 활동한 마르실리오 피치노는 아리스토

따라 음독했다.

텔레스-스콜라주의에 대항하여 플라톤 철학의 신플라톤주의적 해석을 적극적으로 옹호했으며, 플라톤의 전작과 더불어 플로티누스의 전작을 라틴어로 번역했다. 플로티누스는 케임브리지 플라톤주의와 독일 관념론을 거쳐 프랑스의 근대 생명 철학에 이르기까지 통찰을 제공했으며, 철학의 영역을 넘어 르네상스 예술가들, 나아가 에머슨, 워즈워스, 코울리지, 예이츠와 같은 현대의 문인들에게도 영감을 불러일으켰다.

플로티누스는 자신을 '신플라톤주의자'라고 부르지 않았다. '신플라톤주의(Neoplatonism)'는 고대 후기에 형성되고 전승된 플라톤주의를 플라톤의 철학으로부터 구별하기 위해 근대에 도입된 용어이다. 플라톤이 죽은 후, 아카데미아는 한동안 피타고라스주의적 형이상학의 수립을 도모했지만, 기원전 3세기 초에 회의주의로 전회한다. 이 전회를 기점으로 '구(舊)아카데미아'와 '신(新)아카데미아'가 구별된다. 신아카데미아는 헬레니즘 시대 주류 철학이었던 스토아와 에피쿠로스의 교조주의에 도전했으나, 로마 제정기가 들어설 무렵 구아카데미아로의 복귀 운동과 맞물려 쇠퇴한다. 이러한 분위기 속에서 플라톤의 철학을 신리를 담지한 이론 체계로 재구성하려는 움직임이 일군의 철학자들을 중심으로 일어났다. 이들은 기존의 아카데미아주의자들(Akademikoi, lat. Academici)과 차별성을 꾀하며 자신들을 '플라톤주의자들(Platonikoi, lat. Platonici)'이라고 칭했다. 플로티누스는 그러한 '플라톤주의자들' 가운데 한 명이었다.

따라서 플로티누스는 어떤 새로운 철학의 창시자가 아니라, 오직 플라톤의 충실한 해석자이길 자처했다. 그렇지만 그는 플라톤의 맹목적 추종자가 아니라, 플라톤을 이해하는 철학자이고자 했다. 그는 플라톤의 저술에서 불분명하게 표현된 것을 분명하게 밝히고, 모순적으로 보이는 것을 일관적인 것으로 드러내길 시도했다.[4] 아우구스티누스는 이러한 플로티누스에게서 '부활한 플라톤'을 보았다.[5] 플로티누스의 후예들은 이탈리아, 시리아, 그리스와 이집트에서 플로티누스의 플라톤 해석을 다양한 형태로 계승, 발전시켰다. 이런 식으로 '신플라톤주의'로 통칭되는 사상의 조류가 형성되었다.

플로티누스는 플라톤의 철학에서 경험 세계에 대한 과학적 설명이나 경험에 대한 합리적 회의를 배우는 것에 머물지 않는다. 그는 바깥 세계의 경험을 가능하게 하고 그것을 초월하게 하는 내면세계의 충만함과 풍요로움에 매료된다. 그곳에서 그는 존재와 생명 그리고 인식의 '무한한' 원천을 발견한다. 그는 이 무한한 원천을 '하나(to hen, 一者)'라고 부른다. 이 위대한 '하나'는 모든 가치의 근원이라는 점에서 '좋음(to agathon)'으로 불린다.

---

4  Enn. V 1 [10] 8; IV 8 [6] 1.
5  아우구스티누스, 『아카데미아학파 반박』 III 18. 41.

이 '하나' 또는 '좋음'이 플로티누스의 철학에서 말하는 만물의 궁극 원리이며, 종교적 용어로 신(神)이라고 불리는 것이다. 그러므로 플로티누스에게 신학(神學)은 이 세계의 존재와 인식을 가능하게 하는 형이상학적 원리들에 대한 철학적 탐구이며, 우리의 내면에 대한 심층적인 이해를 통해 이루어진다. 플로티누스의 신플라톤주의는 무엇보다도 인간 자아의 '내적 깊이'에 주목한 철학으로 특징지을 수 있다.

플로티누스에서 시작하는 이른바 신플라톤주의에서 가장 두드러진 특징은 신의 초월성이다. 신플라톤주의에서 만물의 궁극 원리는 절대적 초월자이다. 그것은 만물에 존재를 부여하지만, 그 자신은 존재의 '저 너머에(epekeina)' 자리한다. 그에 따르면, 존재는 어떤 하나로서 규정된 것인 데 비해 저것은 규정하는 자이기 때문이다. 어떤 하나로서 규정된 것이 인식 가능하기에 오직 존재하는 것만이 인식될 수 있다. 그러므로 저것은 인식의 저 너머에 자리한다. 그 결과, 그것이 무엇인지는 말과 사유를 통해 규명될 수 없다. 그렇다면 만물의 궁극 원리에 대한 철학적 탐색은 처음부터 실패가 예정된 일이 아닌가? 알 수 없는 것에 대해서는 알려고 하지 말고, 말할 수 없는 것에 대해서는 입을 다물어야 하지 않는가?

실제로 플로티누스의 철학은 침묵으로 이르는 길이라고 볼 수 있다. 왜냐하면 그의 절대자는 침묵 속에서 경험되기 때문이다.

하지만 이 침묵은 철학의 포기가 아니라, 철학의 완성을 뜻한다. 그에게 철학은 궁극 실재[6]와의 '신비적 합일(unio mystica)'에서 완성되기 때문이다.[7] 그는 말의 한계를 간과하지 않았지만, 말을 통해 철학적 탐구를 진전시켰다. 그의 철학에서 말과 사유는 자신의 한계를 뛰어넘는 운동을 한다. 알 수 없는 것을 알려고 하는 욕망이 언어도단의 경계로 인도한다. 이 형언 불가능한 것에 관한 모든 언명은 잠정적인 것이고, 늘 언명의 저 너머를 가리킨다.[8]

플로티누스는 서양의 신비주의 전통에서 '철학적 신비주의'를 대표하는 인물이다. 그는 궁극 실재와의 합일을 비밀 종교 의식(mysterion)의 언어를 사용해 묘사했으며, 그의 묘사는 그리스도교와 이슬람교 신비가들에게 깊은 인상을 남겼다.[9] 그의 묘사에 따르면, 고독 속에서 절대적 고독자와 합일에 도달한 영혼은 고요한 황홀경에 든다. 플로티누스는 신비적 합일로 이끄는 동력

---

6 상상의 산물인 허구적 존재가 아니라는 의미에서 '실재(實在)'라는 표현을 사용했다. 이 표현조차 언어를 사용하는 영혼의 수준에서 형언 불가능한 절대 원리를 표상하기 위한 방편이라는 점에 유의해야 할 것이다. 플로티누스의 '실재(hypostasis)' 개념에 관해서 송유레(2019) 참조.
7 Enn. VI [9] 10~11; VI 7 [38] 34 & 36.
8 Beierwaltes(2013), pp. 5~6.
9 플로티누스는 특히 플라톤의 『향연』 210a~c에서 묘사된 '에로스의 비밀종교 의식'의 내용과 표현을 적극적으로 사용한다. 플로티누스의 신비주의에 관해서는 Bréhier(1955); 바이어발테스(2014); 송유레(2013b) 참조.

이 아름다움에 대한 사랑이라고 보았다. 이 사랑을 올바로 인도하기 위해 필요한 것이 철학이다. 철학의 안내 없이는 신에 이를 수 없다. 플로티누스는 신과의 합일에 이르는 어떠한 '종교적' 지름길도 제시하지 않았다. 그가 제시한 길은 영혼의 정화와 사유의 모험을 요구하는 험준한 오르막길이다.

그런데 플로티누스의 철학은 신비적 합일에서 끝나지 않는다. 신과 합일한 행복한 철학자는 이 세상으로 내려온다. 그는 신에 대한 사랑의 결실, 즉 좋음에 대한 지혜를 다른 사람들에게 나누어 주기 위해 정치의 '동굴'로 내려온다.[10] 그는 자신이 지닌 좋음을 주변으로 확산한다. 이를 통해 그는 아낌없이 자신을 내어 주면서도 자신을 잃지 않는 신을 닮는다. 사실, 플로티누스의 신은 의도를 가지고 세상을 보살피는 인격신은 아니다. 하지만 그의 신은 이 세상의 '호의적인' 질서를 보장하는 궁극적인 원인이며, 바로 그 때문에 '좋음'이라 불린다.

---

10 여기에서 플로티누스는 플라톤의 '동굴의 비유'를 재해석한다. 그런데 플로티누스의 현자는 플라톤의 철학자들처럼 동굴로 되돌아오도록 강제되지 않는다. 물론, 그가 신적인 합일보다 이 세상의 삶을 선호하는 것은 아니다. 그러나 그는 실재의 전체 구조를 이해하고 그 안에서 인간이 차지하는 위치와 역할을 아는 자이다. 인간 영혼은 본성상 감각계와 정신계를 오가는 '양서적' 존재이며, 감각계를 정신계의 질서에 따라 다스리고 돌보는 기능을 가진다. 그러므로 현자의 정치적 활동은 인간 영혼의 본성에 부합하는 자연스러운 활동이다. Song(2009), pp. 27~48 참조.

플로티누스는 플라톤의 소위 '두 세계 이론'을 수용했다. 이 이론에 따르면, 우리가 감각을 통해 인식하는 존재의 영역과 별도로 이성 내지 정신을 통해 인식하는 존재의 영역이 있다. 그는 감각계의 질서가 가지계의 질서와 모든 질서의 원천인 좋음으로 소급된다고 본다. 그는 세계 전체의 질서를 '자연의 법'으로 표상하면서 도덕의 정당화를 위한 토대로 삼는다. 이런 시각에서 그는 인간 사회의 질서를 세우고 지키기 위해서 세계의 자연적 질서에 대한 올바른 이해를 요구한다.

플로티누스의 철학이 추구하는 지혜, 즉 이성의 완성은 단지 이 세계에서 저 초월적 세계로 가기 위한 것만이 아니라, 이 세계를 저 세계에 따라 가능한 한 좋고 아름답게 만들기 위한 것이기도 하다. 이런 식으로 이 세계와 저 세계를 잇는 것이 인간 영혼의 신적 사명이다. 이런 식으로 플로티누스는 방황하는 우리 영혼에게 세계의 통합적 질서에 대한 전망을 제시한다. 사실, 그가 과감하게 그린 세계상은 세계의 이상(理想)에 가깝다. 그것은 철학적 열망의 산물이다. 혹자는 이런 식의 세계 전체에 대한 전망이 과학적으로 입증될 수 없는 공상적인 믿음의 대상이라 치부할 수 있다.[11] 그러나 플로티누스에게 세계 전체에 대한 사유

---

11 플라톤의 『파이돈』에서 소크라테스는 자신이 전망하는 정의롭고 아름다운 세계와 영혼불사설을 제시한 후, 사실이 자신의 말한 그대로라고 단정하는 것은 지성을 가진 사람에게 적절치 않다고 말하면서도 그가 말한 것 또는

와 전망은 철학에서 포기할 수 없는 임무였다. 철학적 사유가 낳은 세계상은 단순한 공상이 아니며, 그러한 세계상에 대한 믿음 또한 맹목적 신앙과는 다르다. 다만, 그가 그린 세계상이 얼마나 믿을 만한지를 가늠하기 위해서는 그가 어떤 사유의 경로를 거쳐 그 믿음에 이르렀는지를 우리 스스로 찬찬히 따져 보아야 할 것이다.

## 2. 플로티누스의 생애와 저작

기원 후 4세기 초, 포르피리오스는 플로티누스의 저작을 편집하여 『구론집』을 간행하면서 그 서두에 『플로티누스의 생애와 책들의 순서에 관하여』를 실었다. 이 문헌은 통상적으로 『플로티누스의 생애(*Vita Plotini*)』로 지칭되며 전기(傳記, bios)로 간주된다.[12] 이 전기는 플로티누스의 생애와 저작에 관한 정보의 주요

---

그와 비슷한 것을 참이라고 믿는 것이 위험을 감수할 만한 일이라고 주장한다. 그리고 그러한 위험은 고귀한, 달리 말해 아름다운(kalon) 것이라고 덧붙인다(114d).

12 문헌의 장르(Genre)에 대한 체계적인 분류는 기원전 2~3세기 알렉산드리아의 도서관을 중심으로 활동한 문헌학자들에 의해 처음으로 시도된다. 상이한 목적에 따라 다양한 형태로 집필된 인물의 일대기가 '생애'를 뜻하는 그리스어 'bios'로 통칭되긴 했으나, 'bios'는 양식적 통일성을 지닌 문학 장르로서 확립되지는 못했다. '전기'를 가리키는 다른 용어로 'biographia'가 6세기 신플라톤주의자인 다마스키오스의 『이시도로스의 생애 또는 철학사』에서 도입

원천이자 그가 활동한 서양 고대 후기 철학계의 동향을 상세히 알려 주는 진귀한 자료이기도 하다.[13]

그런데 『플로티누스의 생애』는 한 역사적 인물에 대한 객관적인 보고라기보다는 주인공의 덕과 업적을 기리는 예찬(encomium)이다. 이 철학자 위인전에는 전기 작가 포르피리오스가 지향하는 이상적인 철학자상이 투영되어 있다. 나아가, 그것은 해당 철학자의 거룩함을 예찬한다는 점에서 성인전(聖人傳, hagiographia)에 가깝다.

『플로티누스의 생애』는 이렇게 시작한다. "우리 시대에 태어난 플로티누스는 육체 안에 있는 것을 부끄러워하는 것 같았다. 그러한 태도로 인해 그는 자신의 종족에 관해서도, 부모에 관해서도, 고향에 관해서도 이야기하길 꺼렸다."(VP 1) 고대의 수사학적 관례에 따르면, 예찬적 전기는 주인공의 출생에 대한 이야기에서 시작해서 타고난 본성을 육체와 영혼의 측면으로 나누어 묘사하고, 유년기, 교육 그리고 업적을 기술한다. 그런데 포르

---

되었지만, 이 용어 또한 장르를 지시하는 용어로 정착하지 못했다. 고대의 전기에 대한 심화 연구로 다음을 참조하라. Dihle(1956); Cerri, Gentili(1998); Momigliano(1993); Hägg, Rousseau(2000).

13  프랑스의 CNRS(Centre National de la Recherche Scientifique)에 소속된 학자들이 『플로티누스의 생애』에 관해 두 권의 공동연구서(*Porphyre. La Vie de Plotin*)를 출간했다. 1권(1982)은 예비적 논의와 상세한 색인, 2권(1992)은 그리스어 원문과 번역, 주석 및 주요 주제에 관한 연구 논문들을 실었다.

피리오스의 전기는 주인공의 출생에 대한 정보를 제공하는 대신 주인공이 자신의 출생에 대해 말하길 꺼려한 이유를 제시하며 시작한다. 여기에서 전기 작가는 단순히 플로티누스의 삶을 기술하는 것이 아니라, 해석하고 있다. 포르피리오스의 해석에 따르면, 플로티누스는 육체 안에 있는 것

플로티누스 두상(오스티아 박물관)

을 부끄러워해서 자신의 출생에 관해 이야기하지 않은 것이다.

포르피리오스는 자신의 해석을 뒷받침하기 위해 여러 일화를 소개한다. 우선, 플로티누스는 한 제자가 그의 초상화(eikôn) 제작을 허락해 달라고 청하자 다음과 같이 말하며 거절했다고 한다. "자연이 우리를 에워싸도록 만든 모상을 가진 것으로 충분치 않아, 더 오래 지속할 모상의 모상까지 남기는 데 동의하란 말인가? 그것이 마치 무슨 볼 만한 가치가 있는 작품이라도 되는 듯 여기면서 말일세."(VP 1) 결국 그 제자는 회기를 수업에 자주 데리고 가 플로티누스의 얼굴을 익히게 해서 플로티누스 몰래 초상화를 제작하는 데 성공했다고 한다.

이 일화는 플로티누스가 육체를 우리의 진정한 자아가 아니라, 하나의 모상으로 여기며 경시했음을 보여 준다. 이어서 포르

피리오스는 플로티누스가 육체를 소홀히 해서 병을 얻고 마침내 죽음에 이르게 되었다고 기술한다.[14] 그는 이러한 이야기를 마친 후에야 비로소 플로티누스의 생년을 밝히고 유년기와 그 이후의 삶에 대한 이야기로 넘어간다.[15]

이러한 서사 방식은 철학이 '죽음의 수행'이라는 『파이돈』의 유명한 구절을 연상시킨다. 이 대화편에서 소크라테스는 독배를 마시고 최후를 맞이하기 직전까지 친구들과 철학적 대화를 나눈다. 그는 철학을 통한 영혼의 '정화'와 '육체로부터 분리'를 촉구하면서 철학적인 삶을 역설적이게도 죽는 연습이라고 주장한다. 물론, 그가 자살을 권유하는 것은 아니다. 그가 말하는 '죽음', 즉 육체로부터 분리는 생물학적 죽음이 아니라, 영혼이 육체적 예속에서 벗어남을 뜻하는 '철학적' 죽음이다.[16]

---

14 포르피리오스의 묘사에 따르면, 플로티누스는 엄격한 금욕 생활을 실천한 것으로 보인다. 그는 육식을 피하고 로마의 전통적 사교장인 공중목욕탕을 멀리했으며, 적게 자고 적게 먹었다(VP 2 & 8).

15 Goulet(1992)는 『플로티누스의 생애』의 특이한 구성이 "문학적 불완전성"을 보여 준다고 주장한다(p. 85). 하지만 Männlein-Robert(2002)는 포르피리오스가 수사학적 효과를 노리고서 일부러 출생에 관한 정보를 숨겼을 것이라고 추측한다(p. 592).

16 Plat. *Phaedo* 64a4~6; cf. 67c4~5. 6세기 알렉산드리아에서 활동한 신플라톤주의자 엘리아스는 『철학서설(*Prolegomena philosophiae*)』에서 클레옴브로토스라는 자가 『파이돈』을 읽고 실제로 자살했다고 전한다. 또한 플로티누스의 육체관도 언급한다. 그의 보고에 따르면, 플로티누스는 "철학자가 육체를 결코 소홀히 해서는 안 되고, 적절한 방식으로 돌보아야 한다"(pp. 15.

플로티누스는 과연 육체 안에 있는 것이 부끄러워서 이내 죽기라도 바랐던 것일까? 그의 저술을 읽어 보면, 그가 육체 안에 있는 것을 부끄러워했을지 의심이 든다. 우선, 그는 '부끄러움' 또는 '수치(aischynê)'를 "무언가 추한 것에 대한 생각이 영혼 안에 생기게 될 때" 일어나는 감정으로 규정한다.[17] 또한 그는 '추한 것'을 '비난받을 것'으로 간주한다.[18]

그런데 플로티누스는 비록 육체가 영혼에 비해 열등한 존재이긴 하지만 육체와 함께함이 그 자체로 비난받을 일이 아니라고 말한다.[19] 게다가, 그는 영혼의 기능이 단지 진리 인식에 있지 않고, 육체를 돌보는 것도 포함한다고 여긴다. 그의 표현에 따르면, 영혼은 본성상 이중적 기능을 지닌 '양서적 존재'이다.[20] 그러므로 육체를 돌보는 것 또한 영혼의 자아실현 활동에 속한다.

영혼은 육체를 돌봄으로써 자아를 실현할 뿐만 아니라, 타자 즉 육체의 욕구도 만족시킨다. 플로티누스는 이처럼 타자에게 도움을 줄 수 있는 영혼의 능력을 '아낌없이' 주는 태양에서 나온

---

31~32)고 주장했다. 이러한 보고와 『구론집』에 제시된 플로티누스의 육체관은 포르피리오스의 해석과 차이를 보인다. 이에 관해서는 Song(2013) 참조.

17  Enn. III 6 [26] 3, 11~12.
18  Enn. III 2 [47] 3, 6
19  Enn. II 9 [33] 6, 59~60.
20  Enn. IV 8 [6] 4, 31~33: "그러니까 영혼들은 마치 양서류처럼(hoion amphibioi) 필연적으로 저곳의 삶과 이곳의 삶을 번갈아 가면서 산다."

빛에 비유한다.[21] 사실, 그는 신성(神性) 일반에 이처럼 아낌없는 호의를 귀속시킨다. 그에 따르면, 우리의 영혼 또한 이 세상에 질서를 부여하는 신성에 속한다. 플로티누스는 플라톤의 『티마이오스』의 입장을 수용하여, 영혼이 육체로 하강하여 육체를 돌봄으로써 우주의 완성에 기여한다고 생각했다.[22] 그러므로 그에게는 육화(incarnation) 자체를 부끄러워할 이유가 없다.

그렇지만 플로티누스는 육화로 인해 영혼이 처할 수 있는 위험을 결코 과소평가하지 않았다. 그는 영혼이 육체를 돌보는 일에 과도하게 집착함으로써 자신의 고유한 활동을 소홀히 하게 되고, 자신을 육체와 구분하지 못함으로써 자신을 망각하고, 육체에 예속됨으로써 자신의 존엄성을 지키지 못하게 될 수 있음을 지적했다.[23]

따라서 플로티누스의 현자는 자신을 육체로부터 분명히 구별하며, 육체에게 필요한 것을 주지만, 그것의 자연적인 욕구를 만족시키는 데에서 그칠 줄 안다. 이처럼 불필요한 욕구를 절제할 줄 아는 금욕주의자가 반드시 육체 안에 있는 것을 수치로 여기며, 육체를 거의 돌보지 않는 극단적인 금욕주의자일 필요는 없다.

포르피리오스가 플로티누스의 금욕적인 수행을 극단적인 고행

---

21 Enn. IV 8 [6] 4, 2~5.
22 Enn. IV 8 [6] 5, 24~32.
23 Enn. V 1 [10] 1, 8~15.

(苦行)으로 묘사한 저변에는 자기 자신의 적대적인 육체관이 깔려 있는 것으로 보인다. 4세기 전기 작가인 에우나피오스는 포르피리오스가 플로티누스의 가르침에 영향을 받아서 육체와 '인간성'을 미워하게 되었다고 보고한다.[24] 이 보고가 믿을 만한 것이라면, 포르피리오스는 플로티누스의 입장을 오해한 것이며, 이러한 오해가 『플로티누스의 생애』에 반영된 것이라 할 수 있다.

실제로 포르피리오스는 극단적인 금욕을 추구했다. 그는 『육식을 삼감에 관하여』에서 거룩한 철학자의 이상을 제시하며 거룩함의 개념을 순수함의 개념과 연결시킨다.[25] 그에 따르면, 거룩함은 영혼과 영혼의 순수한 활동을 오염시키는 모든 것, 즉 육식과 성교, 화, 욕망, 감각, 상상, 의견, 나아가 군중과의 사회적 접촉을 삼감으로써 획득될 수 있다.[26]

특히, 포르피리오스는 육식을 통해 육체를 살찌우는 대신, 정신적 인식과 관조를 통해 영혼을 살찌울 것을 촉구하며, 영혼에 해로운 음식으로 '감각'을 지목한다. 그는 감각이 영혼을 육체와 육체의 쾌락과 고통에 '못 박아' 영혼을 비이성적으로 만든다고 주장한다.[27] 따라서 "비이성과의 전쟁을 통해" 정신에 평화와 고

---

24  Eunapius, *Vitae Sophistarum* IV 1. 7. 4~5.
25  Porphyry, *De abstinentia*(=DA) IV 20.1.
26  DA I 57. 7~13. Cf. IV 20.
27  DA I 38. 12~15. 플라톤, 『파이돈』 83d4~6.

요함을 제공해야 한다고 역설한다.[28]

그러나 플로티누스는 영혼의 평화를 위해 전쟁을 요구하지 않는다. 그에 따르면, 우리 안의 이성적인 부분이 비이성적인 부분과 싸우는 대신 비이성적인 부분을 진정시켜야 한다. 그는 비이성적인 부분을 현자의 이웃에 비유하며, 비이성적인 부분이 이성적인 부분을 공경하여 자중하게 되면 싸울 일이 없을 것이라고 주장한다.[29]

이상의 논의를 고려해 볼 때, 포르피리오스는 플로티누스의 초상에 자신의 극단적인 금욕주의를 투사한 것으로 여겨진다. 포르피리오스가 만들어 놓은 플로티누스의 이미지는 플로티누스의 본모습과는 다소 거리가 있지만, 독자들에게 깊은 인상을 남겼고, 특히 금욕적 삶을 동경한 사람들의 마음을 사로잡았다. 그러나 만들어진 이미지가 강력하면 강력할수록 원래의 모습이 희미해져 제대로 보이지 않을 수 있다는 점에 유의해야 할 것이다.

이제 플로티누스의 생애로 되돌아오자. 포르피리오스에 따르면, 플로티누스는 270년에 66세의 나이로 죽었다. 따라서 그의 생년은 대략 205년으로 잡을 수 있다.[30] 그는 (아마도 이집트에서 태어

---

28 DA I 31. 6~8.
29 Enn. I 2 [19] 5. 26~31.
30 플로티누스의 생일이 알려져 있지 않기 때문에 생년을 확정할 수 없다. 플로티누스는 270년에 '만 나이'가 아니라, '세는 나이' 또는 '햇수 나이'로 66세였

나)[31] 28세에 철학을 배우기 위해 알렉산드리아로 갔으며, 플라톤주의자 암모니오스 사카스를 만나 11년간 사사했다. 243년 로마 황제 고르디아누스 3세를 따라 페르시아 원정길에 올랐으나, 황제의 암살로 원정이 무산되자 안티오코스로 피신했다가 244년 로마에 정착했다. 그가 페르시아 원정에 참여한 이유는 페르시아와 인도 철학에 대한 관심이었다고 전한다. 로마에서 귀족 게미나의 집에 머물며 사설 학원을 운영했다. 269년 병세가 악화되어 캄파니아로 은퇴할 때까지 그곳에서 가르쳤다.

플로티누스의 학원은 성, 인종, 직종의 차별 없이 모두에게 개방되었다. 그의 문하에는 아멜리우스와 포르피리오스와 같은 직업적 철학자도 있었지만, 의사와 문인 등 다른 직업을 지닌 수강생들도 있었다. 원로원 회원들과 갈리에누스 황제(253~268 재위)와 살로니나 황후도 청강했다고 전한다.

로마 제정기에 철학 수업은 대체로 고전 강독과 토론으로 이루어졌다. 예를 들어, 에피쿠로스학파에서는 에피쿠로스의 작품

---

을 것으로 추정된다. 포르피리오스의 나이 계산법에 대해서는 Goulet(1982), pp. 207~208을 참조하라.

31  에우나피오스는 플로티누스가 이집트 뤼코에서 태어났다고 기록한다(*Vitae Sophistarum* III 1. 1. 1~3). 다비드는 『포르피리오스의 「이사고게」에 대한 주석』의 서문에서 플로티누스의 태생지를 뤼코폴리스라고 밝힌다(4, pp. 91.23~92.1). 하지만 이러한 정보의 신빙성은 보장되지 않았다. Armstrong (1966), p. 2.

을, 스토아학파에서는 제논과 크뤼십포스의 저작을 읽고 토론했다. 알키누스와 누메니우스와 같은 플라톤주의자들은 플라톤의 대화편들을 해석하였고, 알렉산드로스 아프로디시아스는 아리스토텔레스의 저술을 분석하였다. 마찬가지로 플로티누스도 주로 플라톤의 대화편들을 읽고 토론했을 것이다.[32]

포르피리오스에 따르면, 플로티누스는 플라톤주의자들의 주석서들뿐만 아니라, 아리스토텔레스의 저작과 그에 대한 주석서들도 검토했다. 또한 그는 특정 주제에 관한 자유 토론 수업도 진행했는데, 가령 영혼과 육체의 관계에 관한 토론은 혼란스러운 방식으로 사흘간이나 지속되어 학생의 불만을 사기도 했다.

나아가, 플로티누스는 전통적인 철학 문제를 넘어서 당대 대두된 문제들을 다루기도 했다. 특히, 영지주의는 맹렬한 논박의 대상이 되었다. 영지주의는 로마 제정기에 창궐한 종교적 운동으로 다양한 형태로 전개되었는데, 기본적으로 이 세상을 악한 조물주의 산물로 규정하고, 특수한 지혜 즉 영지(gnosis)를 통해 이 세상으로부터의 구원을 약속했다.[33] 플로티누스는 종종 영지

---

32 플로티누스의 학원과 수업 방식에 관해서는 Goulet-Cazé(1982), pp. 231~276 참조.
33 영지주의(Gnosis, Gnosticism)의 다양한 형태의 신화와 교리 체계는 대부분 그리스도교의 이단론 저술에 의해 전해져 내려왔다. 그런데 1940년대 이집트의 나그 함마디(Nag Hammadi) 근처에서 4세기경 집필된 영지주의 문헌이 대거 발굴됨에 따라 영지주의 연구가 획기적인 전환을 맞이했다. 드디어

주의자로 오해받기도 했지만, 실제로는 영지주의를 반대한 철학자이다. 그는 영지주의가 무엇보다도 플라톤의 가르침을 왜곡하고 오용한다고 비판했다.[34]

플로티누스는 철학의 이론적 연구에 헌신했지만, 인간 삶의 실천적인 영역을 방기하지 않았다. 『플로티누스의 생애』에서 그는 인간 심리를 꿰뚫어 보는 심안의 소유자로 그려진다. 또한 그는 수많은 고아들의 후견인으로서 그들의 재산 관리에 정확성을 기했을 뿐만 아니라, 여러 정치적 분쟁에서 조정자로서 활약했다.

> 영지주의에 적대적인 그리스도인이나 철학자의 시각이 아니라, 영지주의자의 시각에서 바라본 영지주의를 연구할 수 있게 된 것이다. 영지주의 원전은 신속히 편집되었고, 다양한 언어로 번역되었다. 이를 바탕으로 영지주의 연구는 고대 로마 시기의 종교와 철학의 사상사적 지형을 구체적으로 파악하는 데 크게 기여하고 있다. 2022년 출간된 이규호의 『나그함마디 문서』(동연 출판사)는 나그 함마디 문서 52편의 번역을 싣고 있다. 이 번역은 콥트어 원전 번역이 아니라 제임스 로빈슨의 영역본(1981년)을 저본으로 삼은 중역이지만, 나그 함마디 문서의 전체적인 내용을 한글로 밝힌 점에서 큰 의의가 있다. 나그함마디 문서의 최신 번역으로 Meyer(2007)가 편집한 영역본과 Kaiser와 Bethge(2013)가 편집판 독역본이 단행본으로 출간되었다. 영지주의 입문서로 Markschies(2001); Aland(2014); 페이걸스(2006)를 추천한다. 고대 후기의 문명사에서 영지주의 운동이 지니는 의의에 관해서는 도즈(2021)를 참조하라.

34 포르피리오스는 플로티누스가 집필한 하나의 반-영지주의 작품을 네 개의 논고로 쪼개서 출간했다. 학계에서는 하르더(R. Harder)에 따라 III 8 [31], V 8 [32], V 5 [33], II 9 [33]을 합쳐서 'Grossschrift'[대(大) 논고]라고 부른다. 플로티누스의 영지주의 비판에 대해서는 O'Meara(1980), Song(2007) 참조. 『플로티누스의 생애』에 언급된 영지주의에 관해서는 Tardieu(1992)를 참조.

나아가 그는 황제에게 캄파니아의 폐허에 "플라톤의 법률에 따라 사는" 철학자들의 도시를 건설할 것을 제안하며, 그 도시에 '플라토노폴리스'라는 이름을 붙였다.[35] 그러나 플라토노폴리스의 꿈은 궁정 정치가들의 시기와 악의로 인해 실현되지 못했다고 전한다.

플로티누스는 느지막이 49세에 저술 활동을 시작했지만 상당한 분량의 글을 남겼다. 그의 저작은 포르피리오스의 노고에 힘입어 고스란히 전승되었다. 서양 고대 철학사를 통틀어 전작이 전해진 철학자는 플라톤과 플로티누스뿐이다. 한 작품의 전승 여부는 종종 우연에 달려 있지만, 플로티누스의 전작이 전해진 것은 우연의 산물이 아니라 후대 독자들의 의식적인 선택의 산물이다. 『구론집』은 후대 그리스도교의 주요 사상가들에 의해 중요성을 인정받아 보존된다.

포르피리오스는 『구론집』을 편집하면서 플로티누스의 전작을 여섯 권으로 나누었고, 각 권에 아홉 편의 작품을 배당해서 총 쉬흔네 편으로 재편성했다. 그는 플로티누스의 철학을 윤리학, 자연학, 형이상학으로 삼분하고, 1권에 윤리학을, 2권과 3권에 자연학을, 그리고 4권부터 6권까지 형이상학을 배당했다. 형이상학의 세 가지 주요 원리 가운데 '영혼(psychê)'은 4권에서,

---

35  VP 11~12. "플라톤의 법률"이 플라톤의 최후의 작품 『법률』을 지칭하는지는 불확실하다. O'Meara(2003), p. 16. 오마라는 *Platonopolis*(Oxford 2003)에서 서양 고대 후기 플라톤주의 정치 철학의 주요 특징과 문제를 논했다.

'정신(nous)'은 5권에서, 마지막으로 '하나(to hen)' 또는 '좋음(to agathon)'은 6권에서 다루어진다.

이러한 편집 순서에 따라 플로티누스의 전작을 읽으면, 윤리학에서 자연학으로, 자연학에서 다시 형이상학으로 상승하게 된다. 이 철학적 상승은 우리 자신이 도대체 무엇인지를 묻는 자기 인식의 문제에서 출발해서 만물의 궁극 원리인 좋음과의 합일에서 마침내 그 정점에 이른다.[36] 이러한 전작의 편집을 통해 플로티누스 철학은 최고의 신성으로 이르는 '오르막길'로 제시된다.

포르피리오스는 플로티누스가 "플라톤이 『향연』에서 가르친 길들에 따라"[37] 영혼의 상승을 시도했다고 전한다. 포르피리오스에 따르면, 플로티누스를 인도한 것은 철학적 사랑이었다. 이러한 사랑은 사랑하는 자의 눈을 멀게 하는 것이 아니라, 눈을 뜨게 하는 사랑이다. 철학적 에로스의 인도를 받아 우리의 영혼은 순차적으로 상위의 아름다움에 눈을 뜨게 되고, 신적인 아름다움에 이르게 된다. 철학의 안내 없이는 이 신성에 이를 수 없다. 포르피리오스는 플로티누스가 실제로 신비적 합일에 여러 번 이르렀다고 전한다.[38]

---

36  플로티누스의 상승 관념에 대해서는 Song(2024a)을 참조하라.
37  VP 23, 9~10.
38  VP 23, 7~17. 포르피리오스는 자신이 플로티누스와 함께 머문 동안, 플로티누스가 네 번 신적인 합일에 도달했다고 보고한다.

포르피리오스의 『구론집』 편집은 플로티누스의 작품 전체를 체계적으로 접근하는 데 도움을 주지만, 개별 작품을 이해하는 데 장애가 되기도 한다. 사실, 플로티누스는 한 작품 안에서도 철학의 여러 분야들을 넘나들며 글을 쓴다. 포르피리오스가 제안하는 분야별 읽기 방식은 플로티누스의 글쓰기 방식에는 상응하지 않는다.

게다가, 포르피리오스는 수(數)신비주의에 따라 완전성과 완결성을 상징하는 숫자인 6과 9를 사용하여 전작을 54편으로 편성했는데, 그 과정에서 일부 작품을 여러 편으로 분할 및 재배치 하기도 했다. 다행히 그가 작품들의 집필 순서를 남겼기 때문에 플로티누스 사상의 흐름을 재구성할 수 있다. 그는 작품 제목들도 전했는데, 일부는 이미 통용되던 것이고, 그렇지 않은 것은 스스로 지었다.

268년 심한 우울증을 앓던 포르피리오스는 스승의 권고에 따라 시칠리아로 떠난다. 같은 해 갈리에누스 황제가 암살되자 큰 정치적 혼란이 발생한다. 이 혼란의 시기에 플로티누스는 선과 악, 섭리, 행복과 같은 윤리적 주제에 집중한다. 269년 아멜리오스가 아파메아로 떠났다. 플로티누스마저 병에 걸려 캄파니아로 은퇴하면서 로마의 학원은 해체된 것으로 보인다. 270년 플로티누스는 돌아갔다.

## 3. 『아름다움에 관하여』해제

### 1) 작품 주제 및 개요

이 작품의 주제는 아름다움이다. 하지만 이 책에서 근대적인 의미의 '미학(美學)'을 기대한다면 실망할 것이다. 오늘날 '미학'이라 불리는 학문은 18세기 독일 철학자 바움가르텐(A. G. Baumgarten)이 'aesthetica'라고 부른 철학의 연구 분야로 거슬러 올라간다. 라틴어 'aesthetica'는 이성적 인식과 구별되는 감성적 인식에 관한 학문을 지칭하기 위해 도입된 용어로 감각 내지 감성을 뜻하는 그리스어 'aisthêsis'에서 유래한다. 이 점에서 'aesthetica'는 '감성학'이라 옮길 수 있다.

플로티누스는 아름다움을 철학적 연구의 대상으로 삼았다는 점에서 미학사에 언급되곤 한다. 하지만 그의 철학적 관심은 감성 또는 감각에 의해 인식되는 아름다움에 국한되지 않고, 이성과 정신에 의해 인식되는 아름다움으로 확장되어 있다. 이 점에서 플로티누스의 '고대 미학'은 근대적인 '감성학'의 테두리에서 벗어난다.[39]

---

[39] Beierwaltes(2013)는 이 작품이 근대적 의미의 '미학적' 논고가 아니라, 고대적 의미의 '윤리학적' 논고라고 말한다(p. 9). 이에 비해, Halfwassen(2003)은 플라톤주의 전통에서 아름다움의 연구 분야는 미학이 아니라, 형이상학이라고 주장한다(p. 83). 사실, 이 작품은 아름다움의 윤리학적, 형이상학

아름다움이란 과연 무엇인가? 이것이 아름다움에 대한 연구에서 가장 근본적인 질문일 것이다. 아름다움의 정체에 접근하기 위해 근대 미학자들은 아름다움의 경험에 주목한다. 스코틀랜드 철학자 데이비드 흄은 아름다움의 경험을 다음과 같이 설명한다. "아름다움은 사물들 자체에 있는 질이 아니다. 그것은 단지 그것들을 바라보는 마음 안에 존재한다. 그리고 각각의 마음은 다른 아름다움을 지각한다."[40] 이에 따르면, 아름다움은 주관적인 것이다. 그것은 개인적 취향이나 문화적 기호의 문제가 된다.

그러나 플로티누스는 아름다움이 주체의 인식에서 성립하는 주관적인 것이 아니라, 객체의 존재에 근거하는 객관적인 것이라고 여겼다. 그에 따르면 아름다움은 사물들 자체 안에 있다.

---

적 측면을 모두 고려하며, 이른바 '미학적' 측면 또한 다룬다. 타타르키비츠(2005)는 플로티누스가 아름다움의 형이상학적 토대와 경험적 분석에서 새로운 미학을 내놓았다고 평가한다(p. 554). 근대 미학을 학문으로 정초한 칸트에 따르면, 미학은 아름다운 대상의 본성을 탐구하는 것이 아니라, 어떤 대상이 아름답다는 판단을 가능하게 하는 주관적 조건과 선험적 원리를 탐구하는 학문이다. '미학'의 개념과 역사에 대해서는 김율(2010)의 탁월한 저서 『서양고대미학사강의: 철학사로서의 미학사 이해를 위하여』의 1장을 참조하라. 고대 미학, 특히 플로티누스의 미학이 중세 미학에 끼친 영향에 대해서는 김율(2017)의 『중세의 아름다움』 1장이 핵심적인 논의를 제공한다. 플로티누스의 미학에 대한 연구로는 타타르키비츠(2005), pp. 554~574; 노영덕(2008); 김율(2010), pp. 261~343(6장); 이순아(2011)를 참조하라. 플로티누스의 아름다움 관념과 예술론의 주요 쟁점 및 영향을 일별하는 데 유용한 논문으로 Pietsch(2024)를 추천한다.

40  Hume(1757), p. 136.

바라보는 사람마다 다른 아름다움을 바라보는 것이 아니라, 아름다움에 달리 반응할 뿐이다. 아름다움을 바라보는 사람은 사랑과 기쁨으로 반응한다. 아름다움에 민감할수록 강력하게 반응한다. 어떤 사물들은 아름답기 때문에 기쁨과 사랑을 불러일으키지, 사랑스럽고 기쁨을 주기 때문에 아름다운 것은 아니다. 이러한 생각은 플로티누스의 독창적인 발상이 아니라, 서양 고대·중세 철학에서 널리 수용된 입장이다.[41]

『아름다움에 관하여』에서 플로티누스는 사물들에 객관적으로 존재하는 아름다움의 근거를 탐구한다. 이와 더불어, 아름다움의 인식과 경험을 가능하게 하는 주관적 조건 또한 다룬다. 이 작품은 서론과 세 개의 본론으로 구성된다. 서론에서는 아름다움의 다양성을 제시하고 그 다양한 아름다움의 근거를 묻는다(1, 1~16). 첫 번째 본론에서는 감각적 아름다움의 근거를 논구한다. 이 맥락에서 아름다움을 비례로 설명하는 이론을 비판적으로 검토한다(1, 16~3, 36). 두 번째 본론에서는 비감각적 아름다움이 주제적으로 다루어진다. 이와 더불어 아름다움에 대한 사랑의 경험이 논의된다(4, 1~6, 32). 끝으로 세 번째 본론에서는 감각적 아름다움의 근거인 가지적 형상과 모든 아름다움의 최종

---

41 '아름다움'에 관한 주요 문제들과 이론들을 정리한 연구로 Sartwell(2022)을 참조하라.

근거인 좋음에 대한 논의가 이루어진다(7, 1~9, 44).

### 2) 아름다움의 다양성

플로티누스에 따르면, 아름다움에는 다양한 종류와 상이한 차원이 있다. 그는 우리가 흔히 경험하는 시각적 아름다움에서 출발한다. "아름다움은 보이는 것에 가장 많이 있지만, 들리는 것에도 있는데 [……] 그런데 감각으로부터 출발해 위를 향해 나아가는 이들에게는 아름다운 행실, 행동, 성향, 지식도 있고 덕의 아름다움 또한 있다."[42] 이 첫 구절에서 주목할 점은 보이지도 들리지도 않는 아름다움이 언급된다는 것이다. 감각에 머물지 않고 '위로 올라가는' 이들에게는 비감각적 아름다움도 있다는 것이다.

'아름다움'으로 옮긴 그리스어 'to kalon'은 형용사 'kalos'의 중성형에 정관사를 붙여서 만든 명사이다.[43] 형용사 'kalos'는 의미

---

42  Enn. I 6 [1] 1, 1~6.
43  플로티누스는 아름다움을 뜻하는 명사 'kallos'와 'kallonê'또한 사용한다. 'kallos'는 주로 육체의 감각적 아름다움을 지시하는 용어였지만, 플로티누스는 정신적 아름다움을 가리킬 때에도 사용했다(7, 29; 8, 2; 9, 25, 35). 'kallonê'는 일반적으로 'kallos'보다 사용 빈도가 낮은 명사이다. 이 작품의 6장에서 세 번 등장한다(6, 21, 24, 26). 그리스 상고기에서 고전기 문헌에 나타난 형용사 'kalos'와 명사 'kallos'의 용례 분석은 Konstan(2014), pp. 35~61 참조.

의 폭이 넓다. 호메로스의 서사시에서 'kalos'는 자주 수려한 외모를 가리키는데, 특히 어떤 빛을 발하는 대상에 적용된다. 가령, 영웅적인 면모를 지닌 전사 아킬레우스, 정교하게 제작된 방패, 빛나는 별 등의 묘사에 'kalos'가 사용되었다. 헤시오도스는 이 용어를 욕망을 불러일으키는 특징과 연결시켰다. 하지만 그것은 수려하고 매력적인 외모뿐만 아니라, 칭찬 내지 경탄할 만한 성격이나 언행, 업적, 제도 등에 광범위하게 적용된다. 윤리적 맥락에서 'kalos'는 '고귀하다' 내지 '훌륭하다'로 번역되곤 한다.[44]

이처럼 고대 그리스인들의 어법에서 이른바 미적 가치는 윤리적 가치와 분리되어 있지 않다. 그것은 오히려 윤리적 가치를 아우르는 포괄적인 가치이다. 우리는 이런 포괄적 의미에서 'to kalon'을 '아름다움'으로 옮겼다. 더욱이 플로티누스가 감각적 아름다움에 대한 논의의 연장선상에서 비감각적 아름다움을 논의하고 있기 때문에 논의의 연속성을 보존하기 위해서 윤리적 맥락에서도 '아름다움'이라는 번역어를 고수하기로 했다.

플로티누스는 아름다움의 탐구에서 플라톤을 길잡이로 삼는다. 그래서 이 작품에는 플라톤이 많이 인용된다. 우리는 플로티누스가 플라톤을 어디에서 어떻게 왜 인용하는지를 생각하며 읽을 필요가 있다. 그는 이 작품의 첫 구절에서 『대(大) 히피아스』와

---

44　Kalligas(2014), p. 194; Dover(1974), pp. 60~73.

『향연』의 논의에 따라 우리가 경험하는 아름다움의 영역을 감각적 아름다움에서 시작해서 비감각적인 아름다움으로 확장한다.[45]

플라톤의 이름 아래 전해진 『대(大) 히피아스』는 '아름다움에 관하여'라는 부제를 달고 있다.[46] 이 대화편에서 소크라테스는 멋쟁이로 소문난 소피스트 히피아스와 함께 아름다움에 대해 정의를 내리려고 시도한다. 소크라테스는 히피아스를 다음과 같이 부르며 대화를 시작한다. "아름답고도 지혜로운 히피아스여(Ἱππίας ὁ καλός τε καὶ σοφός)." 히피아스는 유명한 연설가이자 수완 좋은 외교관이었다. 또한 그는 천문학, 기하학, 화성학 등 수학 분야와 기억술의 전문가이기도 했다. 게다가, 그는 자신이 손수 제작한 신발과 의복을 착용하고 올림픽 제전에 나타났을 정도로 외모에 공을 들인 인물이었다.[47]

『대(大) 히피아스』에서 소크라테스는 지혜에 대한 자만과 아름다움에 대한 허영으로 가득 찬 히피아스를 '아름답고도 지혜로운 자'라고 부르며 살며시 비꼰다. 이 대화편에서 소크라테스는 아름다움이 과연 무엇인지에 대해 진지하게 묻고 생각하지 않는 히피아스의 '피상적인' 지혜와 아름다움을 파헤쳐 이면에 놓인

---

45 『대(大) 히피아스』 297e~298b와 『향연』 210a~c 참조.
46 『대(大) 히피아스』는 위작 논란이 있는 대화편이다. Woodruff(1982), p. xi~x.
47 역사적 인물인 히피아스와 『대(大) 히피아스』의 등장인물 히피아스에 대한 비교 분석은 Woodruff(1982), pp. 123~135 참조.

무지와 추함을 드러낸다.

대화편의 후반부에서 소크라테스는 아름다움이 시각적, 청각적 즐거움을 주는 것이라는 정의를 검토한다. 이 정의에 관해 그는 다음과 같은 물음을 던진다. "아름다운 행실과 법률은 그것들이 청각과 시각을 통해서 즐거움을 주기 때문에 아름다운 것이라고 우리가 말해야 할까?"(298b) 흥미롭게도 그는 행실과 법률의 경우에도 시·청각적인 즐거움을 통해 규정될 수 있는 아름다움이 있다고 인정하지만, 더 이상 설명을 제공하지 않는다. 아마도 그는 행실과 법률에서 보이고 들리는 측면을 염두에 둔 것 같다. 하지만 행실과 법률의 아름다움은 보이지도 않고 들리지도 않는 정의와 절제의 구현을 통해 설명될 수도 있다. 그가 행실과 행동의 아름다움을 언급했을 때, 바로 이 보이지 않는 측면에 주목한 것으로 보인다. 그는 행실과 행동의 아름다움을 비감각적 아름다움으로 분류하고 감각적 아름다움보다 상위의 아름다움으로 간주한다.[48]

아름다움에 위계가 있다는 생각은 플라톤의 『향연』에 묘사된 '아름다움의 사다리'를 상기시킨다. 지혜로운 무녀(巫女) 디오티마는 소크라테스에게 아주 특별한 비밀 종교 의식에 대해 말한

---

48  법률의 아름다움은 이 작품의 서두에서 언급되지 않지만, 1장 43행에서 행실의 아름다움과 나란히 언급된다.

다. 이 의식에 입문한 자는 사랑(에로스)의 인도를 받아 신성에 이른다. 이 의식의 마지막에 직관하게 될 신성은 바로 '아름다움 자체'이다.

이 신적인 아름다움에 이르기 위해 입문자는 마치 사다리를 사용하듯 여러 단계의 아름다움을 거쳐야 한다. 육체적 아름다움에서 행실의 아름다움으로, 여기에서 다시금 배움의 아름다움으로, 마지막으로 아름다움 자체에 대한 배움으로 올라가야 한다.[49] 위로 올라가기 위해서는 아래 단계가 필요하지만, 아래 단계에서 벗어나지 못하면 위로 올라갈 수 없다. 더 높은 단계의 아름다움을 보고자 하는 열망이 낮은 단계의 아름다움에 대한 애착을 극복하게 하고, 마침내 아름다움의 신성으로 인도할 것이다.[50]

---

49 『향연』 211c~212a: "마치 사다리를 사용하는 것처럼, 입문자는 하나의 아름다운 몸에서 둘로, 둘에서부터 모든 아름다운 몸들로, 그리고 아름다운 몸들로부터 아름다운 행실들로, 아름다운 행실들에서 아름다운 배움들로, 그리고 그 배움들로부터 마침내 저 배움으로, 즉 다름 아닌 저 아름다움 자체에 대한 배움으로 올라가게 되네."(강철웅 번역 부분 수정)
50 『향연』 210d~211a: "더 이상 어린 소년이나 특정 인간, 또는 하나의 행실의 아름다움에 흡족하여 종처럼 그 하나에게 속한 아름다움에 종살이하면서 보잘것없고 하찮은 자가 되지 않네. 오히려 아름다움의 큰 바다로 향하게 되고 그것을 관조함으로써, 아낌없이 지혜를 사랑하는 가운데 많은 아름답고 웅장한 이야기들과 사유들을 낳게 되네. 그리하여 결국 거기서 힘을 얻고 자라면 어떤 단일한 앎을, 즉 다음과 같은 아름다움에 대한 것으로서의 앎을 직관하게 되네. 그러니 이제 할 수 있는 한 최대의 주의를 기울이도

플로티누스는 아름다운 행실과 행동, 성향, 지식, 덕을 **영혼에 관련된** 비감각적 아름다움으로 분류한다. 그는 이러한 종류의 아름다움에 앞서는, 상위의 아름다움에 대한 논의는 뒤로 미루고, 우선 물체의 감각적 아름다움과 영혼에 관련된 비감각적 아름다움의 근거와 원인을 묻는다. 무엇이 이 모든 것을 아름답게 만드는가? 달리 말해, 그 모든 것이 아름다운 이유는 무엇인가?

이 대목에서 플라톤의 독자들은 회심의 미소를 지을 법하다. 플로티누스가 플라톤주의자라면, 대답은 이미 정해진 것이 아닌가? 모든 아름다운 것은 저 아름다움 자체, 즉 아름다움의 형상(이데아)을 분유하기 때문에 아름답다! 실제로 플라톤은 『파이돈』에서 이런 종류의 설명이 단순하고 우직하고 아마도 순진하지만, 안전한 설명이라고 주장한다. 반면, 아름다움을 색과 형태 등으로 설명하는 것은 혼란을 일으킨다고 지적한다. 그는 아름다운 것들과 아름다움 자체의 관계를 설명하기 위해 '분유' 또는 '나누어 가짐(metexis, koinônia)' 그리고 '현전' 또는 '곁에 있음(parousia)'이라는 표현을 사용한다.[51] 하지만 어떤 의미에서 아름

---

록 노력해 보게. 아름다운 것들을 차례차례 올바로 바라보면서 에로스 관련 일들에 있어 여기까지 인도된 자라면 이제 에로스 관련 일들의 정점에 도달하여 갑자기 본성상 아름다운 어떤 놀라운 것을 직관하게 될 것일세. 소크라테스, 앞선 모든 노고의 목표는 바로 이것이네."(강철웅 번역 부분 수정)

51 『파이돈』 100b~e.

다운 것들이 아름다움 자체를 '나누어 가진다'는 말인지, 어떤 방식으로 아름다움 자체가 '곁에 있다'는 말인지는 수수께끼로 남아 있다.

플로티누스는 플라톤으로부터 '분유'와 '현전'이라는 용어를 물려받았다. 그는 물체가 분유를 통해 아름답다고 주장한다. 하지만 그는 물체가 아름다움 자체, 다시 말해 아름다움의 형상을 분유함으로써 아름답다고 주장하지 않는다. 그는 대신 아름다운 물체에 무엇이 현전하는가를 묻는다. 그것이 아름다움의 형상이 아니라면 도대체 무엇이란 말인가?

### 3) 비례 이론 비판

플로티누스는 자신의 대답을 제시하기 전에 유력한 대답을 검토한다. 그것은 바로 **좋은 비율**이다. 아름다움을 좋은 비율, 즉 비례로 설명하는 것은 고대 그리스-로마의 고전적인 관념이다. 고대 예술가들뿐만 아니라, 다수의 철학자들 또한 비례미(比例美) 관념을 수용했다.[52] 여기에서 '비례'로 옮긴 그리스어

---

52 고대의 비례미 관념과 플로티누스의 비판에 대해서는 Anton(1964~1965), pp. 233~237; Darras-Worms(2007), pp. 123~135; 김율(2010), pp. 268~277 참조. 플라톤, 『국가』 IV 420c~d; 『소피스트』 235d~e; 『티마이오스』 87c~d; 『필레보스』 64e; 아리스토텔레스, 『형이상학』 M 1078a36~b1 [아름다움의 최고 형상으로 질서(taxis), 비례(symmetria), 한정(to hôrismenon)이 제시된다]; 『자연학』 II 3, 246b; 『변증술』 VI 2, 139b.

'symmetria'가 대칭이 아니라, 좋은 비율을 뜻한다는 점에 유의해야 한다.[53]

그리스 고전기를 대표하는 조각가 폴뤼클레이토스는 『표준』이라는 저술에서 비례를 예술, 특히 조각에서 따라야 할 미적 표준 내지 기준으로 제시했다. 그는 자신의 미적 표준들에 따라 청동상을 만들고, '표준(kanôn)'이라고 불렀다. 그것의 로마 복제품인 '창을 든 청년(Doryphoros)'이 전해진다. 갈레노스는 『히포크라테스와 플라톤의 학설들에 관하여』에서 『표준』을 인용한 후, 모든 의사들과 철학자들이 신체의 아름다움이 부분들의 상호 비례에서 성립한다고 보았다고 주장했다.[54]

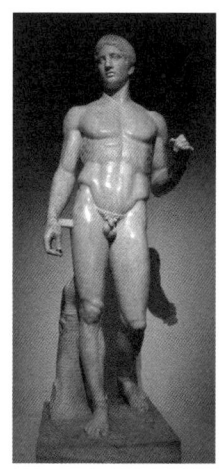

창을 든 청년
(나폴리 국립고고학박물관)

플로티누스는 비례 이론을 다음과 같이 정식화한다. "부분들이

---

53 현대어 'symmetry'가 대칭을 뜻하기 때문에 혼동을 불러일으킬 수 있다. Darras-Worms(2007)은 'symmetria'를 '좋은 비율'(bonne proportion)로 번역했다(p. 123). 이 번역이 다소 무겁긴 하지만, 본문의 원의에 가장 충실한 것으로 보인다. 국내 학계에서는 '균형'으로 번역되기도 한다. 하지만 이 경우, 동일한 척도, 즉 측정 단위(metron)를 공유하는('commensurable') 비례 관계라는 의미가 소실되는 약점이 있다. 이 책에서는 문맥에 따라 '좋은 비율'과 '비례'를 번역어로 사용했다.

54 DK 28 A 3; Galenus, PHP V. 3. 15~17, p. 308. 17~26 De Lacy 참조. 조각의 '표준율', 즉 표준이 되는 비율에 관해 타타르키비츠(2005), pp. 110~114 참조.

서로에 대해 그리고 전체에 대해 지니는 비례와 그것에 추가된 좋은 색깔이 시각을 위한 아름다움을 만들며, 가시적인 물체들 및 일반적으로 다른 모든 것들에 있어 아름다운 것은 비례적이며 비율에 맞는 것이다."(1, 21~25) 시각적 아름다움을 비례와 더불어 좋은 색깔 내지 혈색(euchroia)으로 설명하는 방식은 스토아에서 유래한 것으로 보인다.[55] 또한 스토아주의자들은 시각적 아름다움을 비롯해 아름다움 일반을 비례와 비율로 설명하려고 했다. 따라서 플로티누스가 스토아가 정식화한 이론을 인용했다고 추측할 수 있다. 하지만 비례 이론은 스토아의 고유 이론이 아니라, 플로티누스가 지적하듯이, 거의 모든 사람들이 인정하는 통론이다.

플로티누스는 비례 이론에 대해 다음과 같은 반론을 제기한

---

[55] 알렉산드리아의 필론은 『모세의 생애(*De Vita Mosis*)』에서 스토아를 명시적으로 언급하지 않았지만, 스토아의 미관념을 다룬 것으로 간주된다. 그의 전언에 따르면, 신체의 아름다움은 부분들의 비례(συμμετρία μερῶν), 좋은 혈색(εὐχροία) 그리고 살의 좋은 상태(εὐσαρκία)에 달려 있다(2, 136~140). 키케로 또한 『투스쿨룸 대화』(IV 31)에서 스토아의 미관념을 다루며 '좋은 혈색'을 언급한다: "또한, 신체 부분들이 합당한 모양새와 더불어 좋은 혈색(coloris quadam suauitate)을 갖고 있을 때 이를 신체의 아름다움이라고 부르는 것처럼, 영혼에서도 생각과 판단의 균형과 한결같음이 일종의 강인함과 견고함을 갖추고 덕을 따르거나 덕의 본질을 포함할 때 이를 영혼의 아름다움이라고 부릅니다."(김남우 번역) 아우구스티누스도 『신국론』에서 이 스토아적 관념을 인용한다(*Civitate Dei* XXII 19: quid est corporis pulchritudo? Congruentia partium cum quadam coloris suauitate). 스토아의 미관념에 대해서는 SVF III 83, 278, 279, 292, 472, 592 참조. Horn(1989); Bett(2010); Čelkytė(2020); Gál(2022) 참조.

다. 첫째, 좋은 비율은 결합된 것의 아름다움만 설명할 수 있을 뿐, 단순한 것의 아름다움은 설명할 수 없다. 둘째, 좋은 비율은 둘 이상으로 구성된 전체에서 성립하는 아름다움은 설명할 수 있지만, 각 부분의 아름다움을 설명할 수 없다. 셋째, 같은 비율을 지닌 것이 때로는 아름답지만, 때로는 그렇지 않다. 넷째, 좋은 비율은 비감각적인 것의 아름다움을 설명할 수 없다.

첫 번째 반론과 관련해서 우리는 비례가 여럿이 관계를 맺어야 성립한다는 점을 고려해야 한다. 그렇기 때문에 여럿이 결합된 것만이 비례 관계를 통해 비율을 지닐 수 있다. 그러므로 단순한 것은 비율을 지닐 수 없다. 만약 좋은 비율을 지녀야 아름다울 수 있다면, 단순한 것은 아름다울 수 없다. 플로티누스는 햇빛, 별, 번개, 금을 반례로 제시한다. 이것들은 단순하지만 아름답게 경험되는 대상들이다. 한밤중 번득이는 번개나 총총한 별 하나하나가 아름답게 보이는 건 무슨 이유일까?[56]

첫 번째 반론은 결합과 단순의 대립을 통해 표현되었다면, 두 번째 반론은 전체와 부분의 대립으로 기술된다. 여러 부분들로 이루어진 전체의 경우, 비례 관계는 부분들 사이에서, 그리고 부분과 전체 사이에서 성립한다. 따라서 부분은 부분인 한에서는

---

56 타타르키비츠(2005)의 해석에 따르면, 플로티누스에게 아름다움은 관계의 문제가 될 수 없고 하나의 '특질'이다(p. 557).

자체적으로 아름다운 것일 수 없다. 어떤 부분의 아름다움을 설명하기 위해서는 그것을 다시금 부분들로 구성된 전체로 다룰 수밖에 없다. 이로부터 부분들은 전체의 아름다움에 기여하지만, 그 자체로는 아름답지 않다는 결론이 따라 나온다. 하지만 플로티누스는 하나의 전체를 이루는 소리 하나하나가 그 자체로도 아름다운 경우가 자주 있다는 사실을 지적한다. 예를 들어, "반짝 반짝 작은 별"로 시작하는 동요에서 곡 전체를 구성하는 한 음 한 음이 그 자체로 아름답게 들릴 수 있다는 것이다.

두 번째 반론의 연장선에서 플로티누스는 전체가 아름답다면 부분도 아름다워야 한다는 주장을 내세운다. "왜냐하면 [아름다운 전체는] 진정 추한 것들로부터 이루어져서는 안 되고, 모든 것들이 아름다움을 지녀야 하기 때문이다."(1, 29~30) 이러한 논변은 선뜻 받아들여지기 어렵다. 아름다운 전체 속에 추한 부분이 포함될 수 있지 않은가? 사실, 플로티누스도 이 점을 인정한다. 게다가, 추한 부분이 전체의 아름다움에 기여할 수 있다는 것은 그의 섭리론의 핵심 논변이기도 하다. 세계에는 분명 추하거나 미천한 부분들이 있지만, 그 부분들을 가지고 세계 전체를 멸시해서는 안 된다는 것이다. 그것은 미인의 머리카락이나 발가락을 따로 떼어 놓고 보면서 신묘한 전체를 보지 못하는 것과 같다.[57]

---

57  Enn. III 2 [47] 3, 9~17.

나아가, 플로티누스는 세계를 한 편의 대하 드라마가 펼쳐지는 극장에 비유한다. 이 세계 극장에는 훌륭한 인물들뿐만 아니라, 사악한 인물도 등장한다. 이 장대한 드라마의 신적인 작가는 각 배역에 적절한 대사와 행동을 부여함으로써 작품 전체의 아름다움을 성취한다. 이 맥락에서 플로티누스는 아름다움 개념을 적절성(to prepon)과 조화(harmonia)의 개념으로 접근한다.[58]

이러한 접근은 위에서 언급한 비례 이론에 가깝다. 단, 비례 이론에서 부분은 그 자체로 아름답거나 추하다고 평가될 수 없다. 하지만 플로티누스의 논의는 전체를 구성하는 부분 내지 요소 자체의 아름다움과 추함에서 출발한다. 전체가 아름답다고 해서 그 안에 포함된 추한 부분 자체가 지닌 추함이 사라지는 것은 아니다.[59] 그러나 추한 부분이나 요소조차 전체의 구조와 지향에 비추어 적절한 기능을 수행함으로써 아름다움에 기여할 수 있다.

그렇다면 추한 부분이 이러한 기여를 통해 아름다움을 분유한

---

58 Enn. III 2 [47] 17, 16~19; 25~66.
59 Enn. III 2 [47] 17, 8~11. 플로티누스는 선인들과 악인들을 혼자서 연기하는(아마도 판토마임) 무용수의 예를 든다. 그의 동작의 일부는 선한 것으로, 일부는 악한 것으로 간주되지만, 전체적으로는 아름답게 여겨진다. 그렇다고 해서 무용수가 연기하는 악인이 선인이 되는 것은 아니다. 플로티누스의 세계극장 비유와 로마제국 시대의 판토마임 연기의 관계에 관해서는 Reis(2000) 참조.

다고 말할 수는 없을까? 플로티누스는 2장에서 이런 방향을 가리킨다. "아름다움은 이미 하나로 모아진 것 위에 자리 잡고서 부분들과 전체들에게 자신을 준다."(2. 22~24) 이러한 시각에서 볼 때 아름다운 전체를 이루는 추한 부분은 추하기만 한 것이 아니다. 실제로 우리는 한 드라마를 아름답다고 평가할 때, 촌뜨기나 악당이 나오는 부분만 제외하고 평가하는 것은 아니다. 오히려 촌뜨기와 악당이 드라마를 살렸다고 평가하기도 한다.

세 번째 반론은 같은 비율을 지닌 얼굴이 때로는 아름답지만, 때로는 그렇지 않다는 것이다. 플로티누스는 다른 작품에서 아름다운 얼굴을 지닌 사람이 죽은 경우를 예로 든다. 시신의 얼굴은 죽기 이전의 얼굴과 동일한 비율을 가지고 있지만, 매력을 잃는다.

그래서 여기에서도 아름다움(to kallos)은 좋은 비율이 아니라, 오히려 좋은 비율을 비추는 것이고 이것이 사랑스러운 것(to erasmion)이다. 왜 우리는 살아 있는 자의 얼굴에서 더 많은 아름다움의 광휘를 보고, 죽은 자의 얼굴에서는 오직 그것의 흔적만 보는 것일까? 그의 살과 비례가 아직 사라지지 않았는데도. 그리고 실물을 더 닮은 조각상이 [그렇지 않은 것들보다] 더 아름답지 않은가? 비록 다른 것들이 비율이 더 좋다 하더라도. 그리고 더 못생겼지만 살아 있는 사람이 조각상으로 된 아름다운 사람보다 더 아름답지 않은가? 저것을 [살아 있음을] 더욱 열망하기 때문이 아닐까? 왜냐하면 그것이 영혼을 가지고 있기 때문이다. 그것이 좋음을 더 닮은 종류이기 때문이다.[60]

여기에서 플로티누스는 아름다움을 사랑스러움, 열망의 대상(to epheton)으로서의 생명력, 영혼, 종국적으로는 좋음과 연결시킨다. 이 맥락에서 그는 아름다운 얼굴의 매력을 설명하기 위해 우아함(charis)을 언급한다. 좋음이 부여하는 일종의 우아함이 사랑과 열망을 불러일으킨다는 것이다. 이러한 우아함은 우리에게 생기를 북돋우는 온기(thermasia), 다시 말해 우리 영혼을 강하게 만들고 깨어나게 하는 따뜻함으로 묘사된다. 절대 정신조차 이러한 우아함과 따뜻함 없이는 아무런 감흥이나 감동도 줄 수 없다고 한다. 차갑기만 한 지성 앞에서 우리 영혼은 무뎌질 뿐이다.[61]

위의 인용문에서 매우 흥미로운 대목은 더 못생긴 사람이 더 아름다움을 수 있다는 구절이다. 모순처럼 들리는 이 구절을 자

---

60 Enn. VI 7 [38] 22, 23~33.
61 Enn. VI 7 [38] 22, 6~17. 아도(2013)는 우아함으로 번역한 그리스어 'charis'가 '은총' 또는 '은혜'를 의미한다는 사실을 지적한다. 이를 바탕으로 그는 우아함을 **좋음의** 절대적 무상성(gratuité)과 연결시킨다(pp. 91~92). 보다 자세한 논의는 송유레(2013b), pp. 80~83 참조.

세히 보자. "더 못생겼지만 살아 있는 사람이 조각상으로 된 아름다운 사람보다 더 아름답지 않은가?" 여기에서 비교가 되는 대상들은 일단 '비율상' 못생긴 사람과 아름다운 조각상이다. 가령, 소크라테스는 좋은 비율을 지녔다는 의미에서 미남은 아니다. 그런데도 살아 있는 소크라테스가 여느 팔등신 미남의 조각상보다 더 아름답다는 것이 플로티누스의 입장일 것이다. 이러한 입장은 비례 이론으로 설명되지 않는 아름다움의 비밀이 있음을 암시한다. 플로티누스는 그것을 살아 있음으로 설명하고, 살아 있음은 영혼으로, 영혼은 궁극적으로는 좋음으로 설명한다.

실제로 추남으로 유명했던 소크라테스는 역설적이게도 엄청난 매력의 소유자였다고 한다. 사람들의 마음을 끌어당긴 것은 그의 건장한 육체라기보다는 활기찬 정신이었다고 볼 수 있다. 그의 정신이 수많은 사람들의 마음을 사로잡을 수 있었던 것은 플로티누스의 견해에 따르면 결국 좋음에서 흘러나온 우아함과 따뜻함 때문이었다고 할 수 있을 것이다.

플라톤은 『향연』에서 소크라테스를 아테네 최고의 미남 알키비아데스보다 아름다운 사람으로 묘사한다. 이 작품은 지혜를 추구하는 철학자의 내적 아름다움과 철학을 외면한 채 부귀영화와 쾌락을 추구하는 알키비아데스의 피상적 아름다움이 대조된다. 플로티누스는 한 사람의 내적 아름다움을 이루는 지혜와 덕이 궁극적으로는 좋음에서 유래한다는 것을 강조한다.

네 번째 반론은 좋은 비율이 비감각적인 아름다움을 설명할 수 없다는 것이다. 플로티누스는 아름다운 행실이나 법률, 또는 배움이나 지식에 무슨 비례가 있느냐고 묻는다. 수학적 개념으로서 비례는 크기를 가진 것들 사이에서 성립한다. 따라서 크기가 없는 것은 아름다울 수 없다는 결론이 따른다.

플로티누스는 비례 개념을 넓은 의미에서 정합성 개념으로 이해하는 방식 또한 검토한다. 그는 전체를 이루는 부분들의 상호일치(homologia)와 합치가 전체의 아름다움을 보장해 주지 않는다고 주장한다. 왜냐하면 추하고 나쁜 것들끼리 서로 잘 어울릴 수 있기 때문이다. 그의 예시에 따르면, '절제는 어리석음이다'와 '정의는 고상한 순진함이다'가 상호 부합하는 명제들이지만, 이 명제들이 결합해서 아름다움을 산출하지 않는다.[62]

### 4) 형상의 현전, 형상의 분유

플로티누스는 비례 이론에 대한 비판을 마치고 아름다운 물체에 현전하는 것이 무엇인가라는 물음으로 되돌아온다. 그는 물체의 아름다움이란 "첫눈에" 감각되는 것이라고 말한다. 다시 말

---

62  플라톤, 『국가』 560d2~3[공경(aidôs)은 어리석음이고, 절제는 비겁이라는 명제가 언급된다]; 348c11~d1(정의는 고상한 순진함이라는 주장이 언급된다) 참조.

해 감각적 아름다움은 즉각적으로 인식되는 것이다. 그런데 영혼은 이 감각적 아름다움을 "마치 이해한 것처럼 말하고, 그것을 알아보고서 반기며 서로 어울린다."(2, 3~4) 이에 반해, 영혼은 추한 것을 감각하면 움츠러들고, 거부하며 어울리지 못한다.

플로티누스는 이러한 영혼의 반응을 동족(同族) 내지 친연(親緣) 관계로 설명한다. 영혼은 자신과 본성상 같거나 가까운 부류에 속하는 것을 반기고 기뻐한다는 것이다. 그렇다면 영혼은 아름다운 물체에서 무엇을 반기고 기뻐하는가?

이 질문에 대답하기 위해 플로티누스의 존재론을 간단히 언급할 필요가 있다. 그는 존재의 영역을 인식 방법에 따라 크게 둘로 나눈다. 하나는 감각을 통해 인식되는 존재의 영역이고 다른 하나는 지성 내지 정신을 통해 인식되는 존재의 영역이다. 플라톤주의 전통에 따라 전자는 '감각계(kosmos aisthêtos)', 후자는 '가지계(kosmos noêtos)'로 불린다.[63] 감각계는 '이곳' 내지 '여기(têide)', 가지계는 '저곳' 내지 '저기(ekei)'로 지칭되기도 한다. 가지계는 '참으로 있는 것(to on ontôs)'의 영역으로 감각계에 비해 존재론적 우위를 지닌다.[64] 플로티누스는 이러한 '두 세계' 구

---

63 플라톤은 『국가』에서 존재의 영역을 가지적 영역(ho noêtos topos)과 가시적 영역(to horatos topos)으로 양분한다(508c). 이 구분에서 시각은 감각을 대변한다.
64 플라톤, 『파이드로스』 249b~250c.

도에서 영혼을 가지계에 귀속시킨다. 하지만 그는 영혼을 가지계와 구분하기도 한다. 그의 존재의 삼분 구도에 따르면, 영혼은 가지계와 감각계를 매개하는 중간자의 지위를 지닌다. 그럼에도 영혼은 감각계보다 가지계에 더 가까운 존재로 간주된다.[65]

플로티누스에 따르면, 감각적 존재는 질료와 형상의 복합체인 데 반해, 가지적 존재는 형상이다. 영혼은 일종의 형상으로 간주된다. 감각적 존재와 가지적 존재 그리고 영혼은 모두 어떤 방식으로든 형상과 연관된다. 존재의 세 영역을 관통하는 것이 바로 형상이다. 그런데 플로티누스는 아무 형상도 지니지 않는 질료를 상정한다. 이 순수 질료는 엄밀한 의미에서 존재의 바깥에 자리한다. 나아가, 그는 모든 형상의 원천이지만, 아니 모든 형상의 원천이기에, 아무 형상도 지니지 않는 존재의 원리를 상정한다. 이 무형의 원리 자체는 '존재의 저 너머에' 자리한다. 이 초월적 원리가 '좋음' 내지 '하나'로 불리는 것이다.[66]

---

65 영혼과 가지적 존재의 친연성에 대해서는 플라톤의 『파이돈』 80b를 참조: "신적이고 불사적이며 가지적(可知的)이고 한 모습이고 해체되지 않고 늘 그 자체로 스스로와 함께 있는 것과 가장 유사한 것은 영혼이고, 인간적이고 사멸하고 비가지적이고 여러 모습이고 해체되고 결코 그 자체로 자신과 같게 있지 못하는 것과 가장 유사한 것은 몸이라고 말일세."(전헌상 번역)
66 플라톤, 『국가』 509b(좋음의 이데아 대한 묘사). 플로티누스에서 비롯한 신플라톤주의 전통은 만물의 궁극 원리의 초월성을 고수한다. '하나' 또는 '좋음'으로 일컬어지는 궁극 원리는 존재와 인식의 저 너머에 자리한다.

영혼이 아름다운 물체에서 알아보고서 반기고 기뻐하는 것은 형상이다. 이 형상이 영혼 자신의 본성과 가지계의 존재들을 닮은 것이다. 물체를 아름답게 하는 것은 바로 형상이다. 플로티누스는 영혼과 가지적 존재들이 본성상 아름답다고 전제한다. 그것들은 각각 어떤 형상이기 때문에 아름다운 것이다. 물체는 어떤 형상을 가지기 때문에 아름다울 수 있다. 플로티누스는 자신의 견해를 '물체들이 형상의 분유를 통해 아름답다'(2, 13)는 주장으로 정리한다.

플라톤은 『티마이오스』에서 세계 제작 신화를 제시하며 형상을 받아들이는 무형의 수용자를 언급한다. 아리스토텔레스는 이 수용자를 질료(hylê)와 동일시한다. 나아가, 감각적 개체를 질료와 형상의 복합체로 바라보는 질료 형상설(hylemorphism)을 정립한다.[67] 플로티누스는 아리스토텔레스가 구상한 질료 형상설을 전적으로 수용하지는 않지만, 감각적 사물을 형상적인 측면과 질료적인 측면으로 구분하는 기본적인 분석 틀을 자신의 플라톤주의 형이상학을 전개하는 데 사용한다. 그는 '질료'라는 용어로 감각적 개체의 재료를 가리킬 때도 있고, 감각계 전체의 기저에 있는 순수 질료를 가리킬 때도 있다.

플로티누스는 우선 형상을 전혀 나누어 갖지 못하는 순수 질료

---

67 플라톤, 『티마이오스』 50d7~8; 『형이상학』 Z8, 1033b16~19 참조.

를 전적으로 추한 것으로 규정한다. 다음으로 질료가 형상에 의해 지배되지 못한 물체 또한 상대적으로 추한 것으로 제시한다. 이 대목에서 흥미로운 점은 플로티누스가 형상에 질료를 지배하는 능력과 활동을 부여한다는 것이다. 그에 따르면, 형상은 부분들을 통일적으로 조직해서 하나의 조화로운 전체를 만드는 일을 한다. 아리스토텔레스의 용어로 말하자면, 한 물체의 '형상인'이 그 물체의 감각적 형상을 만드는 '작용인'이기도 한 셈이다.

플로티누스는 형상의 통일적 작용을 강조한다. 그에 따르면, 형상은 스스로 하나이고, 물체를 하나로 만들어 준다. 이렇게 하나가 된 물체에 아름다움이 자리 잡는다. 이렇게 자리한 아름다움은 물체의 모든 부분들과 전체에 "자신을 준다"(2, 23~24). 그렇기 때문에 그 자체로 아름답지 않은 부분조차 전체의 통일성 속에서 아름다움에 참여하게 되는 것이다. 자연의 산물이든, 기술의 산물이든 아름다운 물체는 통일의 원리인 형상을 통해 아름다운 것이다. 플로티누스는 이러한 형상을 이성적 형성 원리(logos)로 제시한다. 이것의 원천은 가지계의 형상이다. 가지적 형상들은 영원불멸의 신적인 존재로 간주된다. 이런 의미에서 "아름다운 물체는 신적인 것들로부터 오는 이성적 형성 원리를 나누어 가짐으로써 생성된다."(2, 27~28)

플로티누스는 여러 부분으로 구성된 물체의 아름다움을 형상이 부여하는 조화로운 통일성으로 설명했다. 그렇다면 단순한 물체의 아름다움은 어떠한가? 고대의 사원소설에 따르면, 가장 단순한 물체는 물, 불, 공기, 흙이다. 이 네 가지 원소의 아름다움은 조화나 통일성으로 설명될 수 없지만, 여전히 형상의 분유를 통해 설명될 수 있다. 플로티누스는 형상이 질료를 제대로 지배한 물체는 아름답다고 여겼다. 이것은 단순한 물체에도 적용된다.

그런데 플로티누스는 불이 다른 원소들에 비해 더 아름답다고 주장한다. 그는 불이 다른 원소들과의 관계에서 "형상의 지위"를 차지하기 때문이라고 설명한다(3, 19~21). 불은 다른 원소들보다 능동적이다. 특히, 불은 일차적 의미에서 색깔을 지니는 데 비해, 다른 것들은 불에서 색깔의 형상을 취한다고 한다. 플로티누스는 색깔이라는 감각적 질을 형상의 작용으로 설명한다. 중요한 점은 색깔과 빛의 연관성이다. 그는 색깔의 아름다움이 빛이 질료의 어둠을 제압한 결과라고 말한다. 그는 빛을 단순히 물리적인 존재나 현상으로 보지 않고, 비물질적인 형상으로 간주했다. 이런 시각에서 빛나고 반짝거리는 불의 색깔을 일차적인 색깔로 놓았다.[68]

---

68 플로티누스는 색깔이 비물질적인 빛에 의해 산출되는 질(質)이라고 여겼다 (Enn. VI 3 [44] 18~19). 플라톤은 빛을 일종의 불이라고 여겼지만(『티마이오스』 45b4~d4; 58c5~7), 플로티누스는 아리스토텔레스와 함께 빛이 물체가 아니라고 보았다(『영혼론』 2권 7장 418b14~17). 빛과 열은 불의 활동이다(Enn. I 2 [19] 1, 33~36).

### 5) 감각적 아름다움에 대한 판단과 '예술'

플로티누스에 따르면, 우리의 영혼은 감각 능력을 통해 물체의 감각적 아름다움을 즉각적으로 인식하고 판단하지만, 사유 능력을 통해 함께 반성적으로 판단하기도 한다. 이때, 영혼은 바깥에 있는 대상을 바라보며, 그것의 인상을 자신 안에 있는 형상에 맞추어 본다. 다시 말해, 영혼은 이 내적 형상(to endon eidos)을 아름다움의 잣대(kanôn), 즉 미적 판단의 척도로 삼아 외부 대상의 감각적 아름다움을 평가한다.

예를 들어, 한 건축가가 자신이 지은 집을 보고 있다고 하자. 그 집이 자신이 건축술을 통해 구상한 집의 형상에 부합하면 아름답다고 판단할 것이다. 바깥에 서 있는 집에서 돌을 비롯한 건축 자재를 들어내고 남는 것은 건축가의 영혼 안에 있는 집의 형상과 다르지 않다. 집의 내적 형상이 질료 덩어리에 의해 공간적으로 연장되고 분할된 형태가 바깥에 있는 집의 형태에 해당한다. 건축을 통해 실제로는 부분이 없는, 즉 분리 불가능한 집의 형상이 크기를 가진 여러 부분들 안에서 현상하는 것이다(3, 1~9).

플로티누스는 건축가가 지은 집이 아름다운 원인을 건축가가 지닌 형상에서 찾는다. 그는 건축가가 지닌 내적 형상 자체가 아름답다고 생각한다. 바깥에 있는 집은 비감각적인 형상의 아름다움이 감각적으로 표현된 것이다. 플로티누스는 『가지적 아름다움에 관하여』(Enn. V 8 [31])의 1장에서 이러한 생각을 조각술의 예시를 통해 보다 구체적으로 전개한다. 그는 두 개의 돌덩어리를 비교한다. 하나는 아무 형태도 없는 돌이고, 다른 하나는 "기술에 의해 지배되어" 아름다운 신이나 인간의 형태를 지니게 된 돌이다.

> 기술에 의해 형상의 아름다움에 이르게 된 돌은 돌이라는 측면에서 아름다운 것이 아니라 ─ 그렇다면 다른 돌도 마찬가지로 아름다워야 하니 말이다 ─ 기술이 넣어 준 형상의 측면에서 아름답다. 그런데 이 형상은 질료가 가지고 있었던 것이 아니라, 생각한 사람 안에, 돌에 이르기 전부터 있었다. 그것은 제작자 안에 있었는데, 눈이나 손이 그에게 있었던 한에서 그런 것이 아니라, 그가 기술에 참여했기 때문에 그렇다. 그러므로 아름다움은 기술 안에 있었고, 이것이 훨씬 낫다. 왜냐하면 기술 안에 있는 저것이 돌로 온 것이 아니라, 저것은 [기술 안에] 머물러 있고, 저 기술로부터 유래했지만, 저 아름다움보다 못한 다른 것이 왔기 때문이다. 그리고 이것조차 그 돌 안에 순수하게 남아 있지 못하고, 그것이 바라는 대로 있지 못하고, 오직 돌이 기술에게 허용하는 만큼 있다.[69]

---

69  Enn. V 8 [31] 1, 12~27.

플로티누스는 아름다운 석상에서 아름다운 것은 돌이 아니라, 형상이라고 주장한다. 이 형상은 돌이 원래 가지고 있었던 것이 아니다. 그것은 석상의 제작자(dêmiourgos), 즉 조각가에서 온 것이다. 하지만 이 형상은 조각가 안에 있는 형상과는 구별된다. 조각가는 자신이 지닌 내적인 형상에 따라 돌에 외적인 형상을 부여하는 것이다. 하지만 이 외적인 형상조차 돌이 조각술에 지배되는 만큼, 달리 말해 조각술에 허용하는 만큼, 실현될 수 있다. 그러므로 석상은 돌에 받아들인 외적인 형상이 조각가의 내적인 형상에 부합하면 할수록 더 아름답다. 이때, 석상이 지닌 아름다움의 원천은 조각술이다. 조각가는 조각술을 지닌 한에서 아름다운 형상을 지니며, 그것을 조각상에 구현할 수 있다.

이러한 논의는 조각술을 넘어 예술 일반에 적용될 수 있을 것이다. 이 자리에서 한 가지 주의할 사항이 있다. 서양 고대에는 일반적인 기술(technê) 개념에서 차별화된 예술 개념이 없었다. 사실, 미학사에서 '예술(藝術)'로 번역된 'beaux arts' 또는 'schöne Kunst'는 근대에 등장한 용어들이다. 과연 예술이 글자 그대로 '아름다운 기술'인지에 대해서는 논란이 많다. 왜냐하면 예술의 특성이 아름다움으로 한정되지 않는 것으로 보이기 때문이다.[70]

---

70 김율(2010), p. 28; 타타르키비츠(1995), pp. 79~84; Nehamas(2007), p. 3;

플로티누스는 조각술을 전통적인 의미의 기술(technê)의 일부로 다룬다. 고대의 전통적인 관념에 따르면, 기술은 자연(physis)과 더불어 제작에 관여한다. 건축술이 건물을 만드는 기술이듯이, 조각술은 조각상을 만드는 기술이다. 잘 만들어진 집과 조각상은 아름답다. 하지만 건축술과 조각술에는 중요한 차이가 있다. 건축술은 집의 실용적인 목적을 고려해야 하는 데 비해, 조각술은 조각상의 아름다움 외에 어떤 다른 목적을 반드시 추구해야 하는 것은 아니다. 플로티누스가 아름다움을 만들어 내는 기술 가운데 특히 조각술에 주목한 것은 아마도 우연이 아닐 것이다. 조각술은 아름다움을 위해 아름다움을 만드는 기술로 간주될 수 있다. 이런 식으로 플로티누스는 비록 명시적으로 '예술'을 정의하지 않았지만, 예술이 무엇인가에 대한 물음에 하나의 유력한 대답을 제시한 셈이다.[71]

플로티누스는 예술가가 지닌 내적 형상이 단순히 자의적인 것이 아니라, 상위의 형상으로 거슬러 올라간다고 생각한다. 이때, 상위의 형상을 제공하는 것은 자연이 아니라, 자연을 산출한

Beierwaltes(2013), p. 4.
71 플로티누스의 예술 이론을 재구성하는 작업은 본 해설의 범위를 넘어선다. 노영덕은 『플로티노스의 미학과 예술의 존재론적 지위』(2008)에서 플로티누스의 미학과 예술 이론을 체계적으로 재구성하고, 중세 미학 및 낭만주의, 상징주의, 표현주의, 현대의 추상회화와 연결시키며 '초월의 미학'(p. 8)으로 미학사에 자리매김한다.

신적 정신이다. 이런 시각에서 플로티누스는 '기술이 자연을 모방한다'[72]는 입장을 거부한다.

그런데 만약 누군가 기술들이 자연을 모방하면서 만들기 때문에 기술들을 멸시한다면, 우선 자연들도 다른 것들을 모방한다는 점을 말해 주어야 한다. 다음으로 그는 기술들이 단순히 보이는 것을 모방하는 것이 아니라, 자연이 유래한 형성 원리들로 거슬러 올라간다는 것을 알아야 한다. 이어서 기술들이 자체적으로 많은 것들을 만들어 내는가 하면, 아름다움을 가지고 있어서 무언가 부족한 것을 모두 보완해 준다는 사실 또한 알아야 한다. 페이디아스 역시 제우스 상을 만들면서 아무런 감각적 대상도 참조하지 않았고, 만약 제우스가 우리에게 두 눈을 통해 나타나길 원한다면, 어떻게 될지 생각했다.[73]

---

72 '기술이 자연을 모방한다(ars imitatur naturam)'는 말은 서양 고대에서 중세를 거쳐 르네상스에 이르기까지 기술의 본질을 서술하는 데 자주 사용되었다. 이 말은 기술(예술)의 목적이 자연물을 정확히 복사하는 것에 있다는 뜻으로 이해되었다. 이 말은 아리스토텔레스로 거슬러 올라간다. 그는 『자연학』(199a15~17)에서 다음과 같이 말했다. "일반적으로 기술은 한편으로는 자연이 완성할 수 없는 것을 완성하고, 다른 한편으로는 자연을 모방한다(ὅλως δὲ ἡ τέχνη τὰ μὲν ἐπιτελεῖ ἃ ἡ φύσις ἀδυνατεῖ ἀπεργάσασθαι, τὰ δὲ μιμεῖται)." 뷔트너는 이 문장에서 자연이 자연물이 아니라, 그것을 생산한 힘 내지 원인이라고 주장하며, 기술이 자연을 모방한다는 것은 기술이 자연처럼 제작한다는 의미로 해석한다. Büttner(2006), pp. 62~67.

73 Enn. V 8 [31] 1, 32~40.

위의 인용문에서 플로티누스는 기술이 자연을 모방한다는 이유로 기술을 멸시하는 자에게 반론을 제기한다. 첫째, 자연도 다른 것들을 모방한다. 둘째, 기술은 단순히 '보이는' 자연물을 모방하면서 제작하는 것이 아니라, 자연을 산출한 상위의 형성 원리들로 거슬러 올라가서 제작한다. 셋째, 기술은 자체적으로 아름다움을 가지고 있어서 자연의 부족한 부분까지 보완한다.

그렇다면 자연이 모방하는 것들은 무엇인가? 플로티누스에 따르면, 자연이 질료에 부여하는 감각적 형상들은 가지적 형상들의 모상들이다. 자연은 이 가지적 형상들을 모방한다. 사실, 자연은 '종자적 이성들(spermatikoi logoi)'이라 불리는 형성 원리들의 총체이다. 그런데 자연을 구성하는 형성 원리들은 상위의 형성 원리들, 즉 가지적 형상들로 소급된다. 이런 측면에서 자연이 가지적 형상들에서 유래했다고 할 수 있다.[74] 가지적 형상들은 신적 정신의 생각들이다. 예술가는 자연을 거치지 않고 직접 신적 정신에 접근할 수 있다. 이런 식으로 예술은 자연과 아름다움의 원천을 공유한다.

이와 관련해서 플로티누스는 그리스 고전기를 대표하는 조각가 페이디아스를 소환한다. 그의 해석에 따르면, 페이디아스는

---

74 플로티누스의 자연 개념과 물체의 제작에 관해서는 송유레(2011), pp. 26~29; 송유레(2020), pp. 67~71; Song(2004b) 참조.

제우스 신상을 제작할 때, 어떤 감각적 대상을 모델로 하지 않고, 제우스가 우리에게 나타나길 원했다면 취했을 법한 형상을 생각해 냈다. 이러한 생각이 가능했던 것은 상위의 형성 원리들에 대한 통찰이다.

그렇다면 페이디아스가 '제우스의 이데아'라도 보았다는 말인가? 물론, 페이디아스는 제우스에 관한 모종의 관념, 예

올림피아 제우스 신전에 세운 페이디아스의 제우스 신상을 재구성한 카트르메르 드 캥시의 그림(1815)

컨대 만신의 아버지이자 우주의 최고 권력자 내지 완전한 존재라는 관념을 가지고 작업에 착수했을 것이다. 이러한 관념을 성공적으로 표현하기 위해서는 아버지, 권력, 완전성 등에 대한 이해와 통찰을 요구한다. 그리고 정말 그런 존재가 자신 앞에 나타난다면, 어떤 모습일지를 상상해 보았을 것이다.[75]

75 페이디아스가 제우스 신상을 만들 때 어떤 모델도 사용하지 않았다는 주장은 고대의 여러 작가에게서도 발견된다. 파노프스키(2005), pp. 19~34. 참조. 이와 관련해 키케로는 브루투스에게 헌정한 『연설가(Orator ad Brutum)』 2장에서 예술가들이 본으로 삼는 형상(species)에 대해 다음과 같이 말한다. "[본은] 눈이나 귀 또는 그 외의 어떤 감각 기관으로도 지각될 수 없으며, 사유와 정신을 통해서만 인식될 수 있다. 그러므로 우리는 저 [조각상의] 종류

이렇게 비감각적 관념을 감각적으로 표상하는 활동은 특정 이데아의 복제가 아니라, 새로운 형상의 창조이다. 여기에는 감각 경험이 동원된다. 그러나 그의 제작을 인도한 것은 제우스에 관한 관념이지, 특정한 감각적 모델, 가령 어떤 아버지나 왕은 아니다. 그러므로 페이디아스는 자연을 모방한 것이 아니라, 정신적 형성 원리들에 기초하여 내적 형상을 구상하고, 그것에 따라 감각적 대상을 제작한 것이다.[76] 이런 식으로 플로티누스에 와서 예

> 에서 페이디아스의 작품들보다 더 아름다운 것을 볼 수 없지만, 그것들보다 그리고 우리가 이미 언급한 그림들보다 더 아름다운 것을 생각할 수 있다. 그리고 저 예술가가 제우스나 아테나의 형상을 만들었을 때, 그는 실로 어떤 누군가를 본뜨기 위해 바라본 것이 아니라, 자신의 정신 안에 자리한 탁월한 아름다움의 형상을 바라본 것이다. 그는 그것을 내성하고 응시하면서 [작품이] 그것과 유사하게 되도록 예술과 손을 이끌었다." 필로스트라토스의 『튀아나의 아폴로니오스의 생애(*Vita Apollonii*)』 6권 19장에서 페이디아스나 프락시텔레스가 신상들을 만들기 위해 하늘에 가서 신들을 보았느냐는 질문에 대해 아폴로니오스는 아니라고 답하면서 다음과 같이 말한다. "모방보다 더 지혜로운 제작자(dêmiougos)인 상상(phantasia)이 그것들을 만들었다. 사실, 모방(mimêsis)은 본 것만 제작하지만, 상상은 보지 않은 것도 제작한다. 왜냐하면 상상은 그것을 [보지 않은 것을] 있는 것(to on)에 비추어 떠올리기 때문이다."(23~27).

76 노영덕(2008), p. 71: "예술은 자연을 모방하는 것이 아니라 영혼 내부에 있는 미의 형상을 자연에 유출해 내는 행위이다. 미의 형상은 아직 물질화되지 않은 정신의 것이다. 이것을 현실과 자연에 구체화해 내는 예술이란 형상의 실현이면서 새로운 현실을 창조하는 작업이다." 하지만 파노프스키(2005)는 플로티누스의 견해가 결국 "손이 없는 라파엘로"의 생각이 라파엘로의 그림보다 더 가치가 있다는 주장으로 귀결된다고 지적하면서 예술을 "비극적 운명"에 처하게 했다고 평가한다(pp. 32~34).

술가는 더 이상 모방자에 그치는 것이 아니라, 창조자가 된다.[77]

### 6) 비감각적 아름다움: 참됨과 순수함

플로티누스는 우리를 감각적 아름다움에서 비감각적 아름다움으로 인도한다. 우리는 감각을 통해 물체의 아름다움을 경험한다. 하지만 물체가 아닌 것의 아름다움을 경험하기 위해서는 "감각을 아래에 내버려 두고" 위로 올라가야 한다. 아름다움의 층계를 오르기 위해서는 상위의 인식 능력을 사용해야 하는 것이다. 우리의 영혼은 물체를 감각하기 위해 육체적 도구들, 즉 감각 기관들을 사용해야 하지만, 물체가 아닌 것은 그러한 도구들 없이 자신 안에 있는 정신(nous)을 통해 인식한다. 보이지 않는 행실과 지식과 덕의 아름다움을 알아보는 것은 바로 이 '영혼의 눈'이다.

우리 영혼은 비감각적인 아름다움을 인식할 때 감각적인 아름다움을 인식할 때와 마찬가지로 놀라고 즐거워하며 전율한다. 플로티누스에 따르면, 아름다운 것은 무엇이나 달콤한 충격과 쾌락을 동반하는 전율, 사랑과 그리움 같은 감정적 반응을 불러

---

[77] 플라톤은 『국가』(597b~598c)에서 예술가를 '모방자'로 규정하며 폄하했지만, 플로티누스는 예술가의 모방 활동을 긍정적으로 재조명하고, 창작 활동과 연결시켰다. Beierwaltes(2013), pp. 17~22. 타타르키비츠(2005), pp. 561~562.

일으킨다(4, 15~17).[78] 물론, 사람에 따라 반응의 정도는 다르다.

그런데 비감각적인 아름다움의 근거는 무엇인가? 무엇이 비물체적인 행실과 지식 등을 아름답게 만드는가? 덕이 영혼의 아름다움이라면, 영혼을 아름답게 만드는 것은 과연 무엇인가? 이러한 물음들에 대해 플로티누스는 그것들이 '진정으로 있는 것들(ta ontôs onta)'이기 때문에 아름답다고 대답한다(5, 19). 그는 그것들을 '참된 것들(alêthina)'이라 부르기도 한다(4, 14). 여기에서 아름다움(美)과 참(眞)의 가치가 만난다.

플로티누스는 영혼의 아름다움을 순수함과 연결시킨다. 추한 영혼은 외부의 영향으로 때 묻고 상해서 일그러져 본 모습을 잃은 영혼인데 반해, 아름다운 영혼은 본 모습 그대로 때 묻지 않은 깨끗한 영혼이다. 이런 식으로 플로티누스는 영혼과 덕과 악덕을 각기 아름다움과 추함으로, 나아가 순수함과 불순함으로 설명한다. 아름다운 영혼은 진정으로 영혼다운 영혼, 다시 말해

---

78 네하마스에 따르면, 플로티누스는 모든 아름다운 것들이 유사한 종류의 쾌락과 욕망을 불러일으킨다고 생각한 반면, 칸트 전통의 근대 미학자들은 예술 작품이 특수한 종류의 '미학적' 쾌락, 즉 욕망이 제거된 무사심의 쾌락을 불러일으킨다고 주장했다. 네하마스는 '미학적임(the aesthetic)'이라는 범주가 아름다움을 모든 관능적, 실천적, 윤리적 관심으로부터 고립시키는 것을 가능하게 했으며, 결국 예술에서 아름다움을 파괴하는 결과를 가져왔다고 비판한다. 그에 따르면, 오늘날 플로티누스가 제시한 폭넓은 아름다움의 관념은 사라졌고, 아름다움은 일상 영역으로 망명했다. Nehamas(2007), pp. 1~13.

참된 영혼이다.

플로티누스에 따르면, 영혼에게는 두 가지 기능이 있다. 하나는 진리를 인식하는 것이고, 다른 하나는 인식한 진리에 따라 세상에 질서를 부여하는 것이다. 이 세계에서 주어진 육체를 돌보며 사는 영혼은 세상에 질서를 부여하는 역할을 수행하지만, 육체를 돌보는 데 지나치게 몰두함으로써 정작 자기 자신에게 소홀해진다. 마치 물에 비친 자신의 모습에 반해서 자신을 잃어버린 나르키소스처럼, 우리의 영혼은 자신의 모상인 육체에 대한 과도한 애착으로 인해 육체의 욕망과 쾌락에 예속된다(8, 9~16). 사실, 우리의 육체는 여러모로 돌봄이 필요한 취약한 존재이다. 육체의 취약성은 밑바탕에 깔린 질료의 근원적 결핍과 불안전성에 기인한다. 영혼은 육체와 질료의 부정적 영향 아래 자신의 본모습에서 멀어진다.

영혼이 본모습을 되찾기 위해서는 불순물을 제거하는 정화(katharsis)의 과정이 요구된다. 플로티누스는 플라톤을 따라 이러한 과정을 고대 비밀 종교의 정화 의식에 비유한다.[79] 이 비유에 따르면, 용기와 절제, 지혜 등 덕은 정화된 영혼의 상태 내지 정화 작용을 가리킨다. 이러한 정화의 덕을 통해 영혼은 육체와

---

79 플라톤, 『파이돈』 69c1~6 참조. 소크라테스는 고대 비밀 종교의 입교 의식의 용어를 사용하며 절제와 정의와 용기는 일종의 정화 상태(katharsis)이고, 지혜는 일종의 정화 의식(katharmos)이라고 말한다.

질료의 영향에서 해방된다. 정화된 영혼은 참된 인식을 방해하는 감각적 혼동과 감정적 혼란으로부터 자유롭다. 이렇게 육체의 족쇄에서 풀려남으로써 영혼은 '신적인' 본성을 회복한다. "그러므로 영혼이 정화되었을 때 형상과 이성이 되고, 전적으로 비물체적이고 지적이며 오롯이 신적인 것에 속하게 되는데, 이 신적인 것으로부터 아름다움의 샘이 솟으며 그와 유사한 모든 것이 나온다."(6, 13~16)

여기에서 '신적인 것'은 감각계와 가지계의 '두 세계'에서 가지계를 가리킨다. 영혼은 마치 두 세계를 오가는 방랑자와 같다. 하지만 가지계가 영혼의 고향이라고 할 수 있다. 따라서 영혼에게 정화는 귀향을 의미한다. 오뒷세우스가 고향으로 돌아가기 위해 키르케와 칼립소에서 벗어났듯이, 우리의 영혼은 가지계로 돌아가기 위해 육체적 쾌락과 감각적 아름다움에서 벗어나야 한다. 이제 눈을 감고 다른 시각을 일깨워야 한다. "누구나 가지고 있지만, 소수만 사용하는 시각을."(8, 25~26)

이 시각이 바로 마음의 눈, 즉 영혼이 지닌 정신이다. 영혼은 이 정신을 통해 가지계의 형상들을 바라볼 수 있다. 다시 말해, 영혼은 정신적 눈으로 사물의 정수(精髓)를 직관한다. 이러한 직관을 통해 영혼은 대상과 일치하고, 이로써 신적인 영역에 속하게 된다.

플로티누스의 이론에서 특이한 점은 가지계가 곧 정신이라는 것이다. 가지적 형상들은 완전한 정신의 생각들이다.[80] 플라톤의 이데아들은 신적 정신의 사유 활동으로 이해된다. 모든 가지적 형상들은 살아 있는 사유 체계 속에서 결합되고 통일되어 있다. 영혼이 정신적 사유를 통해 가지적 형상을 직관한다는 것은 신적 정신의 사유를, 말하자면 신의 마음을 들여다본다는 뜻이다. 이러한 사유와 인식을 통해 영혼은 자신의 정신적 본성을 실현한다. 영혼이 영혼다울 수 있는 것은 신적 정신이 있기 때문이다. 이런 측면에서 영혼의 아름다움은 신적 정신에 의존한다. 하지만 플로티누스는 영혼의 아름다움이 남의 것이 아니라, 자신의 것임을 강조한다. 왜냐하면 신적 정신에 대한 이해를 통해 영혼은 진정한 영혼이 되기 때문이다. 신적 정신은 영혼의 참됨과 아름다움의 '내적인' 근거이다.

---

80  플라톤의 이데아들과 정신의 관계는 고대 플라톤주의 전통에서 큰 논란거리였다. 플로티누스가 옹호한 입장은 2세기 대표적인 플라톤주의자 알기누스의 글에서 발견된다(*Didaskalikos*, 9~10). 로마의 플로티누스 서클에 합류한 포르피리오스는 가지적 형상들이 정신 '바깥에' 독립적으로 존재한다는 입장을 옹호했지만, 나중에 플로티누스에게 설득당해 입장을 바꾸었다(VP 18, 10~19). 플로티누스는 이와 관련된 주요 논변들을 Enn. V 9 [6], V 5 [32], V 3 [49] 등 여러 작품에서 개진했다. 핵심 논변은 오미라(2009), pp. 79~94 참조.

## 7) 아름다움의 원천

신적 정신의 내면 세계가 바로 '가지계(kosmos noêtos)'라고 불리는 것이다. 플로티누스는 가지계를 생성소멸을 벗어난 존재(ousia)의 영역으로 제시한다. 가지적 형상들은 진정으로 있는 것들이다. 이 형상들은 신적 정신의 사유 속에서 통일되어 있다. 플로티누스는 특정 형상이 아니라, 가지적 형상들의 총체를 '아름다움(to kallos, to kalon, kallonê)'이라 칭한다. 그러므로 신적 정신, 즉 참된 존재가 아름다움이다. 존재답게 존재하는 것, 바로 그것이 아름다운 것이다(5, 19~20).[81]

신적 정신은 영혼처럼 때로는 아름답고 때로는 아름답지 않은 것이 아니라, 항상 아름답다. 완전한 정신의 세계는 영원한 아름다움의 장소이다. 영혼은 신적 정신을 향해 바라볼 때, 자신의 본성을 회복하고 향유하지만, 신적 정신은 항상 자신을 바라보고 있으며, 자신의 본성을 떠나지 않는다. 신적 정신의 아름다움은 표면적인 것이 아니라, 심층적인 것이다. 다른 작품에서 플로티누스는 신적 정신이 "바닥으로부터(ek bathous)" 아름다움을 지닌다고 말한다.[82] 신적 정신은 겉치장으로 속을 가리지 않고,

---

81  이 책에서 "진정으로 있는 것들"로 옮긴 그리스어 표현 'onta ontôs'는 김율의 통찰력 있는 해석에 따르면, '있는 것답게 있는 것'이다. 김율(2010), p. 302.
82  Enn. V 8 [31] 10, 30.

속에 있는 아름다움(eisô kallos)을 드러낸다.[83] 그의 내면세계에서는 모든 것이 투명해서 각각이 모든 것을 포함하고, 각각이 서로에게 빛이어서 광명이 무량하다고 한다.[84]

그런데 플로티누스에게 신적 정신은 아름다움의 최종 근거가 아니다. 모든 아름다움은 만물의 궁극 원리로 거슬러 올라간다. 신적 정신을 비롯한 만물은 바로 저 하나의 원천에서 흘러 나왔다. 그는 저 원천을 이 작품에서 신(theos)이라고 칭한다. 이 맥락에서 그는 영혼이 아름다워지는 것이 신을 닮는 것이라고 말한다. 신을 닮아가기(homoiôsis theôi)는 고대 플라톤주의자들이 철학의 목표로 내세운 것이다.[85] 이런 식으로 플로티누스는 아름다움과 거룩함을 연결시킨다. 그는 영혼이 신에게 올라가야 한다고 촉구한다. 그는 영혼을 신전의 지성소(ta hagia)에 올라가는

---

83 Enn. V 8 [31] 2, 41.
84 Enn. V 8 [31] 4, 8(apeiros hê aiglê). 플로티누스는 투명성과 빛을 연결시킨다. 아리스토텔레스는 『영혼론』에서 빛을 "투명한 것의 투명한 것인 한에서의 활성태"(2권 7장 418b9 -10)로 정의한다. Beierwaltes(1961)는 플라톤주의 전통에서 '가지적 빛'이 단순히 상징이나 비유로 사용된 것이 아니라고 주장하며, 가시적 빛과 가지적 빛의 유비 관계를 분석한다.
85 플라톤은 『테아이테토스』에서 철학자의 정체성을 논하는 과정에서 '탈속적' 삶의 방식을 옹호한다. 그는 악이 그치지 않는 이 세상에서 도피할 것을 촉구하면서, 이때 도피는 "힘껏 신을 닮는 것(ὁμοίωσις θεῷ κατὰ τὸ δυνατόν)"이며, 이는 다시금 "지혜를 갖고서 정의롭고 경건하게 되는 것"이라고 설명한다(176a~b).

입문자에 비유한다.

> 마치 신전의 거룩한 곳을 향해 올라가는 자들이 정화 의식을 거치고, 이전의 옷들을 벗고 맨 몸으로 올라가는 것처럼 말이다. 누군가가 오르는 길에 신에게 낯선 것을 모두 지나쳐 버리고 오직 혼자서 오직 그만을 바라볼 때까지 말이다. 그는 순일하고 단순하며 순수한데, 만물이 그에 매달려 있고 그를 바라보며, 존재하고, 살고, 인식한다. 왜냐하면 그는 생명과 정신과 존재의 원인이기 때문이다(7, 6~12).

이 작품에서 플로티누스는 신(神)을 '좋음'이라고 부르기도 한다.[86] 이 좋음이야말로 아름다움의 최종 근거이다. 일반적으로 좋음은 욕망의 대상으로 이해된다. 플로티누스에게 신은 모든 영혼이 갈망하고 사랑하는 좋음 자체이다. 플로티누스는 이 좋음 자체를 "순일하고 단순하며 순수한" 신성으로 묘사한다.

사실, 플라톤이 『향연』에서 아름다움의 최종 근거로 제시한 것은 "순일하고 순수한" 아름다움 자체이다.[87] 이것이 사랑(에로

---

86 플로티누스는 『좋음 또는 하나에 관하여』(Enn. VI 9 [9])에서 신(神)을 "생명의 원천, 정신의 원천, 존재의 원리, 좋음의 원인, 영혼의 뿌리"(9, 1~2)로 규정하면서 '하나' 또는 '좋음'이라 부른다.

87 플라톤, 『향연』 211e: "순일하고(eilkirines) 순수하고(katharon) 섞이지 않은

스)의 비밀 종교 의식에서 입문자가 최종적으로 마주하는 신성이다. 이 신적인 아름다움이 바로 아름다움의 형상(idea, eidos)이다. 다른 모든 것은 이 아름다움의 형상을 분유함으로써 아름답다.

그런데 플로티누스는 플라톤과 다른 생각을 펼친다. 아름다운 물체가 아름다운 이유는 그것이 아름다움의 형상을 분유하기 때문이 아니라, 형상을 분유하기 때문이다. 물체에 현전하는 형상은 영혼을 통해 주어진다. 자연물의 형상은 세계 영혼의 생산력인 자연에 의해, 인공물의 형상은 개별 영혼에 의해 주어진다. 특히, 개별 영혼은 기술 내지 예술을 통해 질료에 아름다운 형상을 불어넣는다. 아름다운 자연과 예술 작품의 형상은 영혼의 내적 형상에서 유래한다. 영혼은 가지계의 형상들, 즉 신적 정신의 생각들에 영감을 받아 자신 안에 아름다운 형상을 표상한다.

나아가, 영혼은 가지적 형상들의 인식을 통해 자신의 지적 본성을 실현한다. 이러한 지적 통찰은 육체와 질료의 종살이에서 벗어나 자기 자신의 주인이 될 때, 그래서 자신의 참다운 형상을 회복할 때 가능하다. 아름다운 영혼은 참다운 영혼, 영혼다운 영

> 아름다운 것 자체를 보는 일이 누군가에게 일어난다면, 즉 인간의 살이나 피부나 다른 많은 가사적인 허섭스레기에 물든 것을 보는 게 아니라 단일 형상인, 신적인 아름다운 것 자체를 그가 직관할 수 있게 된다면 어떠하리라고 우리는 생각합니까?"(강철웅 번역 부분 수정)

혼이다. 영혼의 아름다움이 바로 덕이며, 이 덕에서 아름다운 행실과 제도와 학문이 나온다.

아름다움이 형상의 현전 내지 분유에서 성립한다면, 추함은 형상의 결여로 설명된다. 플로티누스는 추함 자체를 형상을 완전히 결여한 질료에서 발견한다. 이 순수 질료는 존재다운 존재와 전혀 다른 비-존재이다. 플로티누스는 무형의 질료를 일차적인 나쁨과 동일시한다. 이 질료는 **추함**이자 **나쁨**이다. 이것의 반대편에 일차적인 좋음, 즉 좋음 자체가 자리한다.

흥미롭게도 플로티누스는 좋음 자체를 "최고의 아름다움이자 최초의 아름다움"으로 내세운다(7. 29). 첫 번째 아름다움은 "좋음이기도 한 바로 그 아름다움"이다(6. 26). 좋음 자체는 가지적 아름다움의 원천이지만, 그 자체로는 아무 형상을 지니지 않는다. 그렇지만 이 무형의 최고 원리가 **좋음**이자 **아름다움**(tagathon te kai kallonê)이다. 신에게서는 **좋음**과 **아름다움**이 동일하다(6. 23~24). 그러나 신에서 나온 정신은 **아름다움**이며 **좋음**과 구분된다. 왜냐하면 정신은 그 자체로 좋음이 아니기 때문이다. 좋음은 존재와 정신의 저 너머에 자리한다.

이러한 논의에는 용어상 혼동의 여지가 있다. 플로티누스는 이 작품의 마지막에서 '거칠게 말해' **좋음**을 '첫 번째 아름다움'이라고 칭할 수 있지만, '좋음'을 '아름다움'과 용어상 구분하자면 초월적 **좋음**을 '아름다움의 원천이자 시원'이라고 부를 수 있다

고 정리한다(9, 39~42).[88]

### 8) 심미안(審美眼)

플로티누스는 좋음 자체의 경험에 관해 아직 그것을 보지 못한 자는 좋은 것으로 욕망하지만, 그것을 본 자는 아름다운 것으로 사랑하고 그리워한다고 말한다. 저 좋음 자체를 보는 것이 인생 최대의 경기이자 마지막 경기(agôn)의 목표이다. 이 목표를 달성하는 자야말로 복된 자이다.

여기에서 플로티누스는 플라톤의 『파이드로스』에서 경기 내지 경쟁의 모티브를 가져온다. 서로 겨루고 다투는 것을 억제하는 것이 아니라 오히려 장려하는 것이 고대 그리스 문화의 가장 두드러진 특징 가운데 하나이다. 플라톤은 위 대화편에서 참된 존재에 대한 관조를 영혼 앞에 놓인 "마지막 수고이자 경기(ponos te kai agôn eschatos)"로 제시한다(247b).

플로티누스는 좋음에 대한 관조를 영혼이 쟁취해야 할 최종 경기의 목표로 세운다. 그에 따르면, 우리 영혼은 아름다운 색이

---

[88] 플로티누스는 『어떻게 여럿의 형상들이 생기게 되었는가? 그리고 좋음에 대하여』(Enn. VI 7 [38])에서 좋음과 아름다움의 관계를 보다 자세히 다룬다. 이 논고에서 그는 좋음을 '아름다움(kallonê)', '아름다움을 초월하는 아름다움(kallos hyper kallos)', '아름다움을 만드는 아름다움(kallos kallopoion)', '아름다움의 꽃(kalou anthos)', '초미(超美, hyperkalon)'라고 부른다(32, 29~32; 33, 20). 그럼에도 그것을 신적 정신을 가리키는 '아름다움'과 구분한다.

나 몸, 권세나 관직, 왕권을 두고 다투는 대신 최상의 관조를 두고 다투어야 한다. 저 관조를 위해서는 왕권도 온 땅과 바다 그리고 하늘의 통치권마저 저버릴 수 있어야 한다. 왜냐하면 좋음에 대한 관조는 이 세상의 모든 권세보다 복되고 영광된 것이기 때문이다.

그렇다면 저 복된 광경을 어떻게 목도할 수 있는가? 그것을 볼 수 있는 안목이 있어야 한다. 플로티누스는 누구나 가지고 있지만, 소수만 사용하는 시각을 일깨우라고 권고한다. 하지만 우리가 원한다고 해서 곧장 내적 심미안을 일깨울 수 있는 것이 아니다. 이와 관련해서 플로티누스는 신의 위대한 아름다움(to mega kallos)을 보기 위해서는 보는 자 자신이 아름다워져야 한다고 일러 준다. "왜냐하면 어떤 눈도 태양을 닮지 않고서는 결코 태양을 볼 수 없듯이, 어떤 영혼도 아름답게 되지 않고서는 아름다움을 볼 수 없기 때문이다."(9, 30~32)

그렇다면 어떻게 아름다운 영혼이 될 수 있을까? 영혼이 아름다워지기 위해서는 어떤 영혼이 아름다운지를 볼 수 있어야 한다. 영혼의 아름다움을 보기 위해서는 감각적 아름다움을 '디딤돌'로 삼아 비감각적 아름다움으로 올라서야 한다.

플로티누스에 따르면, 영혼은 우선 행실의 아름다움을 보는 데 익숙해져야 하고, 다음으로 좋은 사람들이 만들어 내는 아름다운 작품들을 보는 데 익숙해져야 한다. 그런 후에 아름다운 작품들을 만든 좋은 영혼을 보라고 한다. 하지만 좋은 영혼을 어떻게 보란 말인가? 좋은 사람들의 내면을 도대체 어떻게 보란 말인가? 플로티누스는 남의 영혼이 아니라, 자신의 영혼을 들여다보라고 권한다.

> 너에게로 되돌아가서 보라.[89] 그리고 만약 네 자신이 아직 아름답게 보이지 않는다면, 마치 아름답게 되어야만 할 조각상의 제작자처럼 조각상에 아름다운 얼굴을 드러낼 때까지 여기를 깎아 내고 저기를 다듬고 이것을 매끈하게 하고 저것을 깨끗하게 하듯이, 그렇게 너도 넘치는 것은 모두 덜어 내고 굽은 것은 모두 펴고, 어두운 것은 모두 맑고 밝게 만들라. 그리고 신적인 덕의 광휘가 네게 비치고, 절제가 거룩한 좌대에 좌정하는 것을 네가 볼 때까지 너 자신의 상(像)을 조각하는 작업을 멈추지 마라(9. 7~15).[90]

---

89 Enn. I 6 [1] 9, 7: ἄναγε ἐπὶ σαυτὸν καὶ ἴδε. 이 구절이 아우구스티누스에게 큰 감명을 준 것으로 여겨진다. 아우구스티누스의 『참된 종교』에 유사한 표현이 등장한다. *De vera religione* 39, 72: "밖으로 가지 말라, 네 자신 안으로 되돌아가라(Noli foras ire, in te ipsum redi)". Tornau(2007), p. 104; Beierwaltes(2013), p. 12 참조.

90 플라톤, 『파이드로스』 254b7; 252d7. 소크라테스는 사랑하는 자가 자신의 애인을 마치 신처럼 섬기고 받들기 위해 신상을 세우듯 자기 앞에 세우고 치장한다고 말한다. 플로티누스는 다른 사람의 상이 아니라, 자신의 상을 조각하는 것을 논의의 중심에 놓는다.

플로티누스는 영혼의 아름다움을 보기 위해서 자신을 되돌아볼 것을 권한다. 달리 말해, 그는 내성(內省)과 자성(自省)을 통해 자기 도야에 힘쓸 것을 촉구한다. 그는 이러한 자기 도야를 통해 최고의 아름다움을 볼 수 있는 심미안을 일깨울 수 있다고 보았다. 최고의 아름다움을 보기 위해 영혼은 내적 시각을 자기 안으로 돌려야 한다. 플로티누스는 신적 정신과 좋음 자체가 모두 안에 있다고 말한다.[91]

이 작품에서 플로티누스는 만물의 궁극 원리인 좋음 자체를 고대 비밀 종교 의식의 마지막 단계에서 바라보는 신(神)에 비유했다. 그는 신의 관조를 위해 플라톤이 『향연』에서 말한 '사랑의 비밀 종교 의식'을 통과해야 한다고 보았다. 한 육체의 아름다움에서 시작하는 이 사랑의 통과 의례는 영혼의 아름다움을 거쳐 아름다움 자체로 이끈다.

플로티누스는 사랑의 종국적 대상이 '아름다움의 형상'이 아니라, 모든 형상 저 너머에 자리한 좋음 자체라고 보았다. 이 초월적 좋음은 모든 형상의 원천이기에 아무 형상도 없다. 이 무형의 원리가 모든 형상을 참으로 존재하게, 즉 아름답게 만든다. 그것은 아름다움의 원천인 한에서 자신이 만들어 준 아름다움을 초월한다. 그러나 그것은 영혼에게 최고의 아름다움으로 나타난

---

91 Enn. III 8 [30] 6, 40(panta eisô).

다. 영혼은 **좋음**을 바라보지만 보이는 것은 **좋음**이 아니라, 아름다움인 것이다. 하지만 이때 봄은 아름다운 형상을 인식할 때의 봄과는 다르다. 사실, 좋음 자체는 엄밀한 의미에서 관조와 인식의 대상이 아니다. 플로티누스는 다른 작품에서 플라톤을 따라 좋음 자체를 태양에 비유하며, 좋음 자체에 대한 관조를 다음과 같이 묘사한다.

[보는 자는] 마치 정신의 파도에 낚아 채인 것처럼, 말하자면 부풀어 오른 파도에 높이 들어 올려져 자신이 어떻게 보았는지도 모른 채 갑자기 본다. 그러나 그 봄은 눈을 빛으로 가득 채워 그가 다른 어떤 것도 보지 못하게 하고, 오히려 빛 그 자체가 보이는 대상이 되었다.[92]

플로티누스에 따르면, 영혼은 **좋음**을 보는 것을 넘어 그것과 하나가 되기를 바란다.[93] 플로티누스적 사랑의 비의(秘儀)는 영혼과 **좋음**의 신비적 합일(unio mystica)에서 완결된다.[94] 그는 이 합일의 상태를 다음과 같이 묘사한다.

---

92  Enn. VI 7 [38] 36, 17~21.
93  Enn. VI 9 [9] 9, 33~35; 11, 4~7.
94  플로티누스는 이 신비적 합일을 이 세상 연인들이 갈망하는 결합에 비유한다. Enn. VI 7 [38] 31, 11~18; 34, 13~16.

그때 보는 자는 더 이상 보지 않고, 구분하지도 않으며, 둘이라고 여기지도 않고, 오히려 마치 다른 이가 된 것처럼 그 자신이 아니고, 거기에서 자신에 속하지도 않고, 저것에 속하게 되어 마치 중심을 중심과 결합한 것처럼 하나를 이룬다.[95]

이렇게 신과 하나가 되었을 때 비로소 신을 향한 영혼의 여정이 끝난다.[96] 그리고 마침내 영혼에게 고요와 안식이 깃든다.[97] 플로티누스의 철학은 신이라 불리는 만물의 궁극 원리를 찾아가는 여정이다. 『아름다움에 관하여』는 플로티누스가 우리에게 남긴 첫 이정표이다.

---

95  Enn. VI 9 [9] 10, 4~17.
96  Enn. VI 9 [9] 11, 45~46.
97  Enn. VI 9 [9] 4, 16~20.

# 참고 문헌

## 플로티누스 주요 판본, 번역 및 주해서

Armstrong, A. H., *Plotinus I-VII*, London, Cambridge MA: Harvard University Press, 1966~1988.

Bréhier, E., *Plotin. Ennéades*, Paris: Les Belles Lettres, 1924~1938.

Cilento, V., *Plotino. Enneadi*, Bari: Laterza, 1947~1949.

Darras-Worms, Anne-Lise, *Plotin. Traité 1*, Paris: Cerf, 2007.

_____, *Plotin. Traité 31. Sur la Beauté Intelligible*, Paris: Vrin, 2018.

Ferroni, L., Achard, M., Narbonne, J-M., *Plotin. Traité 1(I 6). Sur le Beau*, Paris: Les Belles Lettres, 2021.

Gerson, L. P. (ed.), *Plotinus. The Enneads*, Cambridge: Cambridge University Press, 2018.

Harder, R., Beutler, R., Theiler, W., *Plotins Schriften*, Hamburg: Felix Meiner Verlag, 1956~1971.

Henry, P., Schwyzer, H.-R., *Plotini Opera*, Paris: Desclee De Brouwer, 1951~1973.

_____, *Plotini Opera*, Oxford: Oxford University Press, 1964~1982.

Igal, J., *Plotino. Enéadas*, Madrid: Gredos, 1982~1998.

Kalligas, P., *The Enneads of Plotinus*, Volime 1, Princeton: Princeton University Press, 2014.

Laurent, J., "Traité 1(I, 6) Sur le beau", Brisson, L., Pradeau, J-F. (ed.), *Plotin. Traités 1-6*, Paris: GF Flammarion, 2002, pp. 55~92.

Smith, A., *Ennead I. 6. On Beauty*, Las Vegas, Zurich, Athens: Parmenides Publishing, 2016.

Tornau, C., *Plotin. Ausgewählte Schriften*, Stuttgart: Reclam, 2001.

Volkmann, R., *Plotini Enneades*, Leipzig: Teubner, 1883.

## 플로티누스 주요 연구서 및 논문

김율, 『서양고대미학사강의』, 파주: 한길사, 2010.

노영덕, 『플로티노스의 미학과 예술의 존재론적 지위』, 파주: 한국학술정보, 2008.

바이어발테스, W., 「반성, 그리고 하나됨: 플로티누스의 신비주의」, 『신비주의의 근본 문제』, 김형수 옮김, 서울: 가톨릭대학교출판부, 2014, pp. 9~44.

송유레, 「플로티누스의 세계제작자 — 플라톤의 『티마이오스』의 탈신화적 해석」, 《철학사상》 42(2011), pp. 3~36.

_____, 「거룩한 철학자의 초상 — 포르피리오스의 『플로티누스의 생애』를 중심으로」, 《인문논총》 69, 2013a, pp. 7~50.

_____, 「신(神)을 향한 에로스 — 플로티누스의 철학적 신비주의」, 《서양고전학연구》 51, 2013b, pp. 71~106.

_____, 「플로티누스」, 『서양고대철학 2』, 서울: 길, 2016, pp. 369~393.

_____, 「플로티누스의 휘포스타시스 개념」, 《중세철학》 25, 2019, pp.

5~41.

_____, 「영혼의 모상 — 플로티누스의 자연과 영혼의 구분」, 《철학》 144, 2020, pp. 59~83.

아도, P., 『플로티누스, 또는 시선의 단순성』, 안수철 옮김, 서울: 탐구사, 2013.

오미라, D., 『플로티노스, 엔네아데스 입문』, 안수철 옮김, 서울: 탐구사, 2009.

이순아, 「'미를 바라봄': 플라톤과 플로티누스를 중심으로」, 《미학예술학연구》 34, 2011, pp. 119~150.

Anton, J., "Plotinus' Refutation of Beauty as Symmetry", *Journal of Aesthetics and Art Criticism* 23(1964-1965), pp. 233~237.

Beierwaltes, W., "Plotins Metaphysik des Lichtes", *Zeitschrift für Philosophische Forschung* 15(1961), pp. 334~362.

_____, "Plotins Theorie des Schönen und der Kunst", Karfík, F., Song, E.(2013), pp. 3~26.

Bréhier, E., "Mysticisme et doctrine chez Plotin", *Études de Philosophie antique*(1955), pp. 225~231.

Emilsson, E. K., *Plotinus on Sense-Perception. A Philosophical Study*, Cambridge: Cambridge University Press, 1988.

Grabar, A., "Plotin et les origines de l'esthétique médievale", *Les Origines de l'ésthétique médievale*, Paris: Macula, 1992, pp. 29~87.

Halfwassen, J., "Die Idee der Schönheit im Platonismus", *Méthexis* 16(2003), pp. 83~96.

Karfík, F., Song, E. (ed), *Plato Revived. Essays on Ancient Platonism in Honour of Dominic J. O'Meara*, Berlin: De Gruyter, 2013.

O'Meara, D., "Gnosticism and the Making of the World in Plotinus", Layton, B. (ed.), *The Rediscovery of Gnosticism*, Volume 1,

Leiden: Brill, 1980, pp. 365~378.

_____, "Textes de Plotin sur la beauté: initiation et remarques", Schüssler, I, Célis, R, Schild, A. (ed.), *Art et Verité*, Lausanne: Genos, 1999, pp. 56~68.

Pietsch, C., "Schönheit, Kunst", Tornau, C. (2024), pp. 337~344.

Reis, B., "Plotins großes Welttheater: Reflexion zum Schauspielvergleich in Enneade III 2 [47]", Gödde, S., Heinze, T. (ed.), *Skenia. Beiträge zum antiken Theater und seiner Rezeption: Festschrift zum 65. Geburtstag von Horst-Dieter Blum*, Darmstadt: Wissenschaftliche Buchgesellschaft, 2000, pp. 291~311.

Song, E., "War Plotin Gnostiker?", *The Journal of Greco-Roman Studies* 30(2007), pp. 161~182.

_____, "The Ethics of Descent in Plotinus", *Hermathena* 187(2009), pp. 27~48.

_____, "Ashamed of Being in the Body? Plotinus versus Porphyry", Karfík, F., Song, E. (2013), pp. 96~116.

_____, "Aufstieg", Tornau, C. (2024a), pp. 171~176.

_____, "Natur", Tornau, C. (2024b), pp. 325~330.

Tornau, C., *Plotin Handbuch. Leben–Werk–Wirkung*, Stuttgart: J. B. Metzler, 2024.


## 기타 원전 판본 및 번역서

강철웅 옮김, 플라톤, 『향연』, 파주: 아카넷, 2020.
김남우 옮김, 키케로, 『투스쿨룸 대화』, 파주: 아카넷, 2022.
김유석 옮김, 플라톤, 『티마이오스』, 파주: 아카넷, 2019.

김인곤 외 옮김, 『소크라테스 이전 철학자들의 단편 선집』, 파주: 아카넷, 2005.
박종현 옮김, 플라톤, 『국가·政體』, 서울: 서광사, 1997.
성염 옮김, 아우구스티누스, 『신국론』, 서울: 분도출판사, 2004.
_____, 아우구스티누스, 『참된 종교』, 서울: 분도출판사, 2015.
_____, 아우구스티누스, 『아카데미아학파 반박』, 서울: 분도출판사, 2016.
오지은 옮김, 아리스토텔레스, 『영혼에 관하여』, 파주: 아카넷, 2018.
이규호 옮김, 『나그함마디 문서』, 서울: 동연 출판사, 2022.
전헌상 옮김, 플라톤, 『파이돈』, 파주: 아카넷, 2020.
정준영 옮김, 플라톤, 『테아이테토스』, 파주: 아카넷, 2022.
조대호 옮김, 플라톤, 『파이드로스』, 서울: 문예출판사, 2008.
_____, 아리스토텔레스, 『형이상학』, 파주: 나남, 2012.
천병희 옮김, 호메로스, 『일리아스』, 파주: 도서출판 숲, 2015.
Clark, G., *Porphyry: On Abstinence from Killing Animals*, London: Bloomsbury, Academic, 2014.
Colson, F. H., *Philo. Vol. 6: On Abraham, On Joseph, Moses*, Cambridge, MA: Harvard University Press, 1935.
De Lacy, Ph. (ed.), *Galeni De Placitis Hippocratis et Platonis*, Berlin: Akademie Verlag, 1978~1984.
Diels, H., Kranz, W., *Die Fragmente der Vorsokratiker*, Hildesheim: Weidmann, 1903.
Hume, D., "Of the Standard of Taste", *Essays Moral and Political*, London: George Routledge and Sons, 1757.
Nauck, J. A. (ed.), *Euripides Tragoediae Superstites et Deperditarum Fragmenta*, Leipzig: Teubner, 1854.
Von Arnim, H. (ed.), *Stoicorum Veterum Fragmenta*, Leipzig: Teubner, 1903~1924.
Woodruff, P., *Plato. Hippias Major*, Indianapolis, Cambridge: Hackett

Publishing, 1982.

Wright, W. C., *Eunapius. Lives of Philosophers and Sophists*, Cambridge MA: Harvard University Press, 1921.


## 기타 연구서 및 논문

김율, 『중세의 아름다움』, 파주: 한길사, 2017.

도즈, E. R., 『불안의 시대 이교도와 기독교인』, 송유레 옮김, 서울: 그린비, 2021.

송유레, 「덕의 미메시스: 플라톤의 시(詩) 개혁」, 《철학》 121(2014), pp. 51~77.

왈리스, R. T., 『신플라톤주의』, 박규철, 서영식, 조규홍 옮김, 서울: 누멘, 2011.

워리, J. G., 『그리스미학. 플라톤과 아리스토텔레스』, 김진성 옮김, 서울: 그린비, 2012.

전광식, 『신플라톤주의의 역사』, 서울: 서광사, 2002.

타타르키비츠, W., 『미학의 기본개념사』, 손효주 옮김, 서울: 미진사, 1995.

_____, 『미학사 1: 고대미학』, 손효주 옮김, 서울: 미술문화 2005.

파노프스키, E., 『파노프스키의 이데아』, 마순자 옮김. 서울: 예경, 2005.

페이걸스, E., 『숨겨진 복음서, 영지주의』, 하연희 옮김, 서울: 루비박스, 2006.

Aland, B., *Die Gnosis*, Stuttgart: Reclam, 2014.

Bett, R., "Beauty and its relation to goodness in Stoicism." Sedley, D. & Nightingale, A. W. (ed.), *Ancient Models of Mind*, New York: Cambridge University Press, 2010, pp. 130~152.

Brown, P., *The World of Late Antiquity*. London: Thames & Hudson,

1989.

Büttner, S., *Antike Ästhetik. Eine Einführung in die Prinzipien des Schönen*, München: C. H. Beck, 2006.

Čelkytė, A., *The Stoic Theory of Beauty*, Edinburgh: Edinburgh University Press, 2020.

Cerri, G., Gentili, B., *History and Biography in Ancient Thought*, Armsterdam: Gieben, 1998.

Dihle, A., *Studien zur griechischen Biographie*, Göttingen: Vandenhoeck and Ruprecht 1956.

Dover, K., *Greek Popular Morality in the Time of Plato and Aristotle*, Oxford: Basil Blackwell, 1974.

Gál, O., "The Stoic Conception of Bodily Beauty as Symmetry", ΑΙΘΗΡ 28(2022), pp. 50~80.

Goulet-Cazé, M-O., "L'arrière-plan scolaire de *La Vie de Plotin*", Pépin(1982), pp. 229~327.

Goulet, R., "Le Système Chronologique de La Vie de Plotin", Pépin(1982), pp. 187~227.

_____, "Le Plan de la Vie de Plotin", Pépin(1992), pp. 77~86.

Hägg, T., Rousseau, P., *Greek Biography and Panegyric in Late Antiquity*, Berkeley, London, Los Angeles: University of California Press, 2000.

Horn, H. J., "Stoische Symmetrie und Theorie des Schönen in der Kaiserzeit", *Aufstieg und Niedergang der Römischen Welt* II 36(1989), pp. 1455~1471.

Kaiser, U. U., Bethge, H-G. (ed.), *Nag Hammadi Deutsch*, Berlin/Boston: De Gruyter, 2013.

Konstan, D., *Beauty: The Fortunes of an Ancient Greek Idea*, New York: Oxford University Press, 2014.

Männlein-Robert, I., "Biographie, Hagiographie, Autobiographie — Die Vita Plotini des Porphyrios", Kobusch, T., Erler, M. (ed.), *Metaphysik und Religion: Zur Signatur des spätantiken Denkens*, Leipzig: Sauer, 2002, pp. 581~609.

Markschies, G., *Die Gnosis*. München: Verlag C. H. Beck, 2001.

Meyer, M. (ed.), *The Nag Hammadi Scriptures*, New York: Harper Collins, 2007.

Momigliano, A., *The Development of Greek Biography*, Cambridge MA: Harvard University Press, 1993.

Nehamas, A., *Only a Promise of Happiness. The Place of Beauty in a World of Art*, Princeton: Princeton University Press, 2007.

O'Meara, D. J., *Platonopolis. Platonic Political Philosophy in Late Antiquity*, Oxford: Clarendon Press, 2003.

Pépin, J. (ed.), *Porphyre. La Vie de Plotin I*, Paris: Vrin, 1982.

_____, *Porphyre. La Vie de Plotin II*, Paris: Vrin, 1992.

Robin, L., *La pensée grecque et les origines de l'esprit scientifique*, Paris: Albin Michel, 1923.

Sartwell, C., "Beauty", Zalta, E. N. (ed.), *Stanford Encyclopedia of Philosophy*(2022), URL=⟨https://plato.stanford.edu/archives/sum2022/entries/beauty/⟩.

Scruton, R., *Beauty. A Very Short Introduction*, Oxford: Oxford University Press, 2011.

Tardieu, M., "Les Gnostiques dans La Vie de Plotin", Pépin(1992), pp. 503~563.

Tornau, C., "Does Love Make Us Beautiful? A Criticism of Plotinus in Augustine's Tractates on the First Epistle of John", *Millennium* 4(2007), pp. 93~105.

## 보조 도서 및 자료

Liddell, Scott, Stuart Jones, McKenzie, *Greek English Lexicon*, Oxford, 1968.

Sleeman, J. H., Pollet, Gilbert, *Lexicon Plotinianum*, Brill: Leiden, 1980.

# 찾아보기

아래에는 플로티누스의 『아름다움에 관하여』(Enn. I 6 [1])에 나오는 주요 용어들을 실었으며, 앙리-슈비처의 판본(H.-S.)에 따라 장과 행수를 표기했다. 예) 6, 19(=6장 19행), 9, 5.6(= 9장 5행과 6행)

## 한국어-그리스어

가지적이다 noêtos 9, 40
갈망 ephesis 7, 3
감각 aisthêsis 1, 4; 3, 10.34; 4, 1.3.4; 5, 1.34.40
→ 감각적이다 aisthêtos 2, 3; 3, 31; 8, 20
감정 pathos 4, 16; 5, 56.
→ 겪다, 경험하다 paschô 2, 17.18; 5, 2.6.8.9.30; 7, 19
건축가 oikodomikos 3, 7
관조 thea 1, 9; 7, 27.32; 9, 26.30
→ 관조하다 theô, theômai 1, 18.20; 4, 3; 5, 13; 7, 22.33; 8, 1; 9, 33

광영 aglaia 9, 14
광휘 phengos 4, 9
경기 agôn 7, 31
그리움 pothos 4, 16; 5, 7; 7, 13.18
금 chrysos 1, 33; 5, 51.52
기술 technê 2, 27; 9, 4

나타나다 phantazomai 1, 7; 3, 9; 4, 10
나쁘다 kakos 6, 25
→ 나쁨 to kakon 5, 33.35; 6, 22
→ 악덕 kakia 9, 26
낯설다 allotrios 5, 46; 6, 18; 7, 8
→ 남남이 되다 allotrioumenos 2, 6
눈 omma 8, 5. 20 ⇒ 시각

147

능력 dynamis 3, 1

단순하다 haplous 1, 25.31.35; 3, 17; 7, 9
덕 aretê 1, 6.13.49; 3, 16; 4, 9; 5, 4.11.22; 6, 2; 9, 14
닮다 homoios 2, 12; 6, 20; 7, 28; 9, 29
도피 phygê 8, 17.22
동질적인 부분들로 이루어지다 homoiomerês 2, 24

모상 eidôlon 3, 34
물체 sôma 1, 7.10.13.14.16; 2, 2.27; 3, 5.6.10.19.21; 7, 21.23.34
→ 몸, 육체 4, 20; 5, 8.30.49.55; 6, 6.10; 6, 6.10; 8, 6.13
→ 비물체적이다 asômatos 3, 18.22; 6, 14
바라보다 blepô 4, 13; 7, 10; 8, 25; 9, 1.23.25.27.28
밖 exô 3, 6; 5, 38; 8, 3.4
→ 바깥에서 들인/ 덧붙여진 5, 32; 7, 24
배열, 조합 synthesis 1, 2.52; 2,19
배움 mathema 1, 44
법률 nomos 1, 43

부분 meros 1, 21.27.29.51.53; 2, 19.23.26
분유, 나누어 가짐 methexis 1, 13
— metochê 2, 13
— koinônia 2, 28
→ 나누어 가지다 metalambanô 6, 32
분할불가능하다 ameres 3, 9.14
불 pyr 3, 19
비례 symmetria 1, 21.32.37.43
→ 비례적이다 symmetros 1, 24.38.42.44.50.51
빛 phôs 1, 3; 3, 18.27; 5, 22; 9, 18

사랑 erôs 4, 17; 7, 12.17.18
→ 사랑스럽다 erasmios 5, 21
→ 사랑하다 erô 4, 22; 7, 17
→ 사랑하는, 사랑을 느끼는 erôtikos 4, 19; 5, 1.8
→ 사랑하는 이 erastês 7, 30
색깔 chroa, chrôma 1, 31; 3, 17.25.27; 5, 9; 7, 34
→ 좋은 색깔 euchroia 1, 22
샘, 원천 pêgê
소리 phthongos 1, 35
수 arithmos 1, 51
순수하다 katharos 5, 14.29.35.50; 6, 5.6.8; 7, 10.22.24; 9,

10.16 ⇒ 정화

순일하다 eilikrinês 5, 51; 7, 9

시가 mousikê 1, 2

시각 opsis 1, 1.18.23; 7, 33; 8, 5.25; 9, 22

시궁창 borboros 5, 44.45; 6, 4.5

신 theos 6, 20; 7, 9.19; 9, 33

→ 신 같은 모습이다 theoeidês 5, 16; 9, 14.33

→ 신적인 theios 2, 28; 6, 15.30

아름다움 to kalon 1, 1.10; 6, 15.20.27; 7, 22.28; 9, 32.38.39.40.42.43

— kallos 1, 6.11.13.23.30.32.49.53; 2, 23.26; 3, 17; 4, 7.9; 5, 5.44; 6, 17; 7, 21.29; 8, 2.20; 9, 7.25.35

— kallonê 6, 21.24.26

안 endon 3, 6.8.16; 8, 2; 9,1

— entos 9, 18

영혼 psychê 1, 9.49.52; 2, 3; 3, 3.29; 4, 2.12.18; 5, 4.10. 13.21.23.25.37.48.50.54; 6, 10.13.16.18.19.27.30; 7, 2.31; 9, 3.5.6. 32

올라가다 anabainô 4, 2; 7, 1.4; 9, 23.24

욕망하다 oregô 7, 1.15

용기 andria 5, 14; 6, 2.9

외경 aidôs 5, 15

위엄 semnotês 5, 15

이성, 말 logos 1, 2.41; 5, 20; 6, 1

→ 이성적 형성 원리 1, 52; 2, 15.27; 3, 18; 6, 1

→ 비율 3, 32

일치 homologia 1, 46; 2, 20

자연 physis 1, 14; 2, 7.26; 3, 11; 5, 57; 6, 22; 9, 38

작품, 일 ergon 5, 46

저 너머 epekeina 9, 37.41

전체 to holon 1, 22.26.36; 2, 24.25

절제 sôphrosynê 1, 45; 4, 11, 5, 11.13; 6, 1.7; 9, 14

정리(定理) theôrema 1, 53

정신 nous 1, 53; 5, 16; 6, 16.17.26.27; 7, 11; 8, 14; 9, 34.37

→ 지적이다 noeros 6, 14

정의 dikaiosynë 1, 47; 4, 10

정화 katharsis 6, 2; 7, 6

조각상 agalma 9, 10.13

조화 harmonia 3, 28

존재 ousia, to on 2, 8; 5, 19; 9, 37

좋다 agathos 6, 19. 23; 9, 5. 6

→ 좋음 to agathon 6, 23.25.26; 7, 1.3.15; 9, 38.41.42

죽음 thanatos 5, 36; 6, 9

즐거움 hêdonê 4, 17; 5, 29; 6, 7; 7, 14.16; 8, 20

→ 달콤하다 hêdy 4, 16; 5, 30

지배하다, 제압하다 kratô 2, 16; 3, 17. 26.34; 6, 31

지식, 앎 epistêmê 1, 5.44; 4, 8

지혜 phronêsis 6, 2. 12

징조 ichnos 2, 9; 3, 16; 8, 7

질료 hylê 2, 17; 3, 9.18.35.49

→ 질료적이다 hylikos 5, 41

제작자 poiêtês 9, 8

참되다 alêthos 6, 7; 7, 17

— alêthinos 1, 50; 4, 14; 8, 9 (진짜); 9, 18

척도 kanôn 3, 5

추하다 aischros 1, 30; 2, 15; 5, 23.25.48; 6, 25

→ 추함 to aischron 2, 5.16; 5, 24.46.57; 6, 22

— aischos 5, 31.50

충격 ekplêxis 4, 13.16; 7, 14.16

층계 epibathra 1, 20

크기 megethos 1, 51; 5, 10.13; 9, 19.20

쾌락 ⇒ 즐거움

태양 helios 1, 31; 9, 31

→ 태양을 닮다 helioeidês 9, 31

판단 krisis 3, 2.4

→ 함께 판단하다 synepikrinein 3, 3

하나 heis 2, 19.20.21.23.24; 9, 17

합치 symphônia 1, 45.46.48; 3, 14

혼합 krasis 1, 52; 5, 43.49

현전 parousia 3, 18

형상 eidos 2, 13.14.18; 3, 4.6.8.10.19.20.25.26.27. 32.33; 5, 42; 6, 14; 7, 19; 9, 35.41

→ 이데아 idea 9, 36

형태 morphê 2, 14.17; 3, 12.17

행동 praxis 1, 5

행실 epitêdeuma 1, 4.41.43; 4, 7.8; 5, 3; 6, 29; 9, 3

그리스어-한국어

agalma 상, 조각상
agathos 좋다

→ to agathon 좋음
aglaia 광영
agôn 경기
aidôs 외경
aischros 추하다
→ to aischron, aischos 추함
aisthêsis 감각
→ aisthêtos 감각적이다 (감각대상)
alêthos, alêthinos 참되다
allotrios 낯설다
ameres 분할불가능하다
anabainô 올라가다
andria 용기
aretê 덕
arithmos 수
blepô 바라보다
borboros 시궁창
chroa, chrôma 색깔, 혈색, 피부색
chrysos 금
dikaiosynê 정의
dynamis 능력
eidôlon 모상
eidos 형상
eilikrinês 순일하다
ekplêxis 충격
endon, entos 안
epaktos 바깥에서 들인, 덧붙인
epekeina 저 너머

ephesis 갈망
epibathra 층계
epistêmê 지식
epitêdeuma 행실
erasmios 사랑스럽다
erastês 사랑하는 이
ergon 작품, 일
erôs 사랑
euchroia 좋은 색깔
exô 밖, 바깥
haplous 단순하다
harmonia 조화
hêdonê 즐거움, 쾌락
hêdy 달콤하다
heis 하나
helis 태양
→ helioeidês 태양을 닮다
holos 전체의
homoios 닮다
homologia 일치
hylê 질료
ichnos 징조
kakıa 악덕
kakos 나쁘다
kalos 아름답다
→ to kalon 아름다움
kallos 아름다움
kalonê 아름다움

kanôn 척도
katharos 순수하다
katharsis 정화
koinônia 분유, 나누어가짐
krasis 혼합
kratô 지배하다, 제압하다
krisis 판단
logos 말, 이성, 이성적 형성 원리
mathêma 배움
megethos 크기
meros 부분
methexis 분유
metochê 분유, 참여
morphê 형태
mousikê 시가
noêthos 가지적이다
nomos 법률
nous 정신
oikodomikos 건축가
opsis 시각
oregô 욕망하다
ousia, to on 존재
parousia 현전
paschô 경험하다, 겪다
pathos 감정
pêgê 샘, 원천
phantazomai 나타나다

phengos 광휘
phôs 빛
phronêsis 지혜
phthongos 소리
phygê 도피
physis 자연, 본성
poiêtês 제작자
pothos 그리움
praxis 행동
psychê 영혼
pyr 불
semnotês 위엄
sôma 물체, 육체, 몸
→ asômatos 비물체적이다
sôphrosynê 절제
symmetria 비례, 좋은 비율
symphônia 합치
synepikrinein 함께 판단하다.
synthesis 배열, 조합
technê 기술, 예술
thanatos 죽음
thea 관조, 바라봄
theos 신
→ theoeidês 신 같은 모습이다
→ theios 신적이다
theôrema 정리(定理)

## 옮긴이의 말

플로티누스의 『아름다움에 관하여』는 아름다움에 관한 아주 오래된 생각을 담고 있다. 이 책의 주제는 아름다움이지만, 내용은 현대 독자들이 기대할 법한 '미학(美學)'과는 거리가 멀다. 물론, 아름다움은 '미학'이라 불리는 학문이 서양 근대에서 '감성학(aesthetica)'으로 태동하기 이전에도 철학자들의 관심을 끌었다. 이 책에 소개된 철학자의 관심은 감성의 영역에서 경험되는 아름다움에 그치지 않고, 정신에 의해 인식될 수 있는 아름다움에 이르렀다는 점에서 근대적인 '감성학'의 한계를 넘어서 있다.

사실, 플로티누스는 감성적 아름다움의 존재 근거를 가지적 아름다움에서 찾고자 한 플라톤주의자이다. 그는 고대 플라톤주의 전통에 서서 아름다움을 보는 법을 말한다. 달리 말해, 그는 플라톤주의 형이상학이라는 지적 분광체를 통해 세상의 아름다움을 바라보게 하고, 그 너머의 아름다움을 생각하게 한다. 플라톤주의의 시각에서 아름다움을 탐구하는 것은 많은 이들에게 '세상'을 거꾸로 세우거나 안팎을 뒤집는 것처럼 보일 것이다. 한마디로 헛소리로만 들릴 수 있다. 그러나 그 말도 안 될 것 같은 사상이 위대한 예술가들에게 마르지 않는 영감의 원천이 되어 왔다. 플로티누스는 자신을 플라톤주의자라 여겼지만, 플라톤의 말을 그저 반복하는 대신, 말에 담긴 정신을 살려서 키우고자 애썼다.

플라톤이 돌아간 지 550여 년이 지나 플로티누스가 태어났고, 플로티누스가 돌아간 지 1750여 년이 지난 지금 우리가 살고 있지만, 세월의 격차와 세상의 변천에도 불구하고 아름다움은 인간 정신에 여전히 큰 의문과 매혹의 대상으로 남아 있다. 이 책은 이 오래된 수수께끼에 대한 아주 옛 이야기들을 통해 도대체 우리가 '아름다움'이라는 이름으로 찾고 있는 것이 무엇인가를 묻는 철학의 길로 인도할 것이다.

2010년 정암학당에서 신진 학자를 지원하기 위해 마련한 강의에서 플로티누스를 소개하며 『아름다움에 관하여』를 읽었다. 국내에서는 아직까지 낯선 플로티누스라는 고대 철학자의 심오한 철학을 국내에 본격적으로 소개하겠다는 포부를 가지고 번역을 시작했지만 플로티누스의 그리스어를 우리말로 옮기는 일은 무척이나 어려운 일이었다. 더욱이 플로티누스는 '하나', '좋다', '있다', '아름답다' 등 일상에서 자주 사용하는 용어를 사용하여 고도의 추상적인 개념을 표현하기 때문에 어떻게 옮겨야 일상적 의미와의 연관성을 지우지 않으면서도 철학적 의미를 살려낼 수 있을지 고민이 많았다. 이후 정암학당에서 플로티누스의 작품들을 읽어 가며 점점 확대되는 시야에서 번역의 명료성과 일관성을 모색했지만, 자주 번역과 해석의 난관에 직면했다. 그래서 실로 우공이산(愚公移山)의 어리석은 노인의 마음으로 짊어질 수 있는 만큼 조금씩 흙과 돌, 화초와 나무를 옮기기로 했다.

『아름다움에 관하여』는 서양에서 플로티누스의 철학으로 입문하는 사람들이 제일 먼저 읽는 저술로 사랑받아 왔다. 하지만 그의 언어적 표현뿐만 아니라, 철학적 내용도 알아채기 쉽지 않다. 독자들의 이해를 돕기 위해 그동안 국내외 학계에 축적된 연구 성과를 반영하여 상세한 주석을 붙였다. 이 작은 책이 플로티누스 철학에 관심이 있는 한국 독자들에게 유익한 길잡이가 되길 바라며 플로티누스의 생애와 사상에 대한 입문적인 해설도 실었다.

플로티누스의 그리스어 원전을 함께 읽으면서 역자의 잘못과 서투름을 다듬어 주고 바로잡아 준 정암학당 동학들에게 진심으로 감사드린다. 오랜 세월 이 책이 나오기까지 기다려 주시고 애써 주신 아카넷 박수용 학술팀장과 꼼꼼하게 원고를 읽고 교

정해 주신 편집자에게 감사드린다. 『아름다움에 관하여』를 읽으며 플로티누스 철학에 입문하느라 고생한 경희대학교 철학과 대학원생들에게도 고마울 따름이다. 고전(古典)의 가치를 인정하는 독자들 또한 고전 읽기가 즐겁기만 한 것이 아니라는 것은 알 것이다. 고전의 쓰고도 단 맛을 아는 자에겐 다음 그리스 속담이 예사롭지 않게 들릴 것이다. 아름다운 것은 어렵다(χαλεπὰ τὰ καλά).

마지막으로, 플로티누스의 철학이 지닌 깊이와 아름다움을 일깨워 주시고 이 작은 책의 출간을 응원해 주신 도미니크 오마라(Dominic J. O'Meara) 선생님께 감사와 사랑의 마음으로 이 책을 바친다.

2024년 한여름을 보내며
인왕산 자락에서
송유레

## 사단법인 정암학당을 후원해 주시는 분들

정암학당의 연구와 역주서 발간 사업은 연구자들의 노력과 시민들의 귀한 뜻이 모여 이루어집니다. 학당의 모든 연구는 시민들의 자발적인 후원을 바탕으로 하기 때문입니다. 그 결실을 담은 '정암고전총서'는 연구자와 시민의 연대가 만들어 내는 고전 번역 운동의 산물이라고 할 수 있습니다. 이 같은 학술 운동의 역사적 의미를 기리고자 이 사업에 참여한 후원회원 한 분 한 분의 정성을 이 책에 기록합니다.

### 평생후원회원

| | | | | | | | |
|---|---|---|---|---|---|---|---|
| Alexandros Kwanghae Park | | 강대진 | 강상진 | 강선자 | 강성훈 | 강순전 | 강승민 | 강주완 |
| 강창보 | 강철웅 | 고재희 | 공기석 | 권세혁 | 권연경 | 권장용 | 기종석 | 길명근 | 김경랑 |
| 김경현 | 김귀녀 | 김기영 | 김남두 | 김대겸 | 김대오 | 김미성 | 김미옥 | 김병연 | 김상기 |
| 김상수 | 김상욱 | 김상현 | 김석언 | 김석준 | 김선희(58) | 김성환 | 김숙자 | 김순옥 | 김영균 |
| 김영순 | 김영일 | 김영찬 | 김영희 | 김옥경 | 김운찬 | 김유순 | 김 율 | 김은자 | 김은희 |
| 김인곤 | 김재홍 | 김정락 | 김정란 | 김정례 | 김정명 | 김정신 | 김정화 | 김주일 | 김지윤(양희) |
| 김지은 | 김진규 | 김진성 | 김진식 | 김창완 | 김창환 | 김출곤 | 김태환 | 김 헌 | 김현래 |
| 김현주 | 김혜경 | 김혜자 | 김효미 | 김휘웅 | 도종관 | 류한형 | 문성민 | 문수영 | 문우일 |
| 문종철 | 박계형 | 박금순 | 박금옥 | 박명준 | 박병복 | 박복득 | 박상태 | 박선미 | 박선영 |
| 박선희 | 박세호 | 박승찬 | 박윤재 | 박정수 | 박정하 | 박종면 | 박종민 | 박종철 | 박진우 |
| 박창국 | 박태일 | 박현우 | 박혜영 | 반채환 | 배인숙 | 백도형 | 백영경 | 변우희 | 사공엽 |
| 서광복 | 서동주 | 서 명 | 성 염 | 서지민 | 설현석 | 성중모 | 손병석 | 손성석 | 손윤락 |
| 손효주 | 송경순 | 송대현 | 송성근 | 송순아 | 송요중 | 송유례 | 송정화 | 신성우 | 심재경 |
| 안성희 | 안 욱 | 안재원 | 안정옥 | 양문흠 | 양호영 | 엄윤경 | 여재훈 | 염수균 | 오서영 |
| 오지은 | 오흥식 | 유익재 | 유재민 | 유태권 | 유 혁 | 유형수 | 윤나다 | 윤신중 | 윤정혜 |
| 윤지숙 | 은규호 | 이광영 | 이기백 | 이기석 | 이기연 | 이기용 | 이도헌 | 이두희 | 이명호 |
| 이무희 | 이미란 | 이민숙 | 이민정 | 이상구 | 이상원 | 이상익 | 이상인 | 이상희(69) | 이상희(82) |
| 이석호 | 이순이 | 이순정 | 이승재 | 이시연 | 이영원 | 이영호(48) | 이영호(66) | 이영환 | 이옥심 |
| 이용구 | 이용술 | 이용재 | 이용철 | 이원제 | 이원혁 | 이유인 | 이은미 | 이임순 | 이재경 |
| 이정선(71) | 이정선(75) | 이정숙 | 이정식 | 이정호 | 이종환(71) | 이종환(75) | 이주완 | 이주형 | 이지민 |
| 이지수 | 이 진 | 이창우 | 이창연 | 이창원 | 이충원 | 이춘매 | 이태수 | 이태호 | 이필렬 |
| 이한주 | 이향섭 | 이향자 | 이황희 | 이현숙 | 이현임 | 임대윤 | 임보경 | 임성진 | 임연정 |
| 임창오 | 임환균 | 장경란 | 장동익 | 장미성 | 장영식 | 전국경 | 전병환 | 전헌상 | 전호근 |
| 정선빈 | 정세환 | 정순희 | 정연교 | 정옥재 | 정은정 | 정 일 | 정정진 | 정제문 | 정준영(63) |
| 정준영(64) | 정해남 | 정흥교 | 정희영 | 조광제 | 조대호 | 조병준 | 조성대 | 조익순 | 조준호 |
| 지도영 | 차경숙 | 차기태 | 차미영 | 채수환 | 최 미 | 최미연 | 최세용 | 최수영 | 최병철 |
| 최영아 | 최영임 | 최영환 | 최운규 | 최원배 | 최윤정(77) | 최은영 | 최인규 | 최지호 | 최 화 |
| 표경태 | 풍광섭 | 하선규 | 하성권 | 한경자 | 한명희 | 허남진 | 허선순 | 허성도 | 허영현 |
| 허용우 | 허정환 | 허지현 | 홍섬의 | 홍순정 | 홍 훈 | 황규빈 | 황예림 | 황유리 | 황주영 |
| 황희철 | | | | | | | | | |

가지런e류 교정치과　　　　　　　　나와우리 〈책방이음〉　　　　　　도미니코수도회　　　도바세
방송대문교소담터스터디　　　방송대영문과07학번미아팀　　　법률사무소 큰숲　　　부북스출판사(신현부)

생각과느낌 정신건강의학과　　이제이북스　　카페 벨라온
(개인 289, 단체 11, 총 300)

## 후원위원

| | | | | | | | | | |
|---|---|---|---|---|---|---|---|---|---|
| 강성식 | 강용란 | 강진숙 | 강태형 | 고명선 | 곽삼근 | 곽성순 | 구미희 | 권소연 | 권영우 |
| 길양란 | 김경원 | 김나윤 | 김대권 | 김대희 | 김명희 | 김미란 | 김미선 | 김미향 | 김백현 |
| 김복희 | 김상봉 | 김성민 | 김성윤 | 김순희(1) | 김승우 | 김양희 | 김애란 | 김연우 | 김영란 |
| 김용배 | 김윤선 | 김장생 | 김정수 | 김정이 | 김정자 | 김지수(62) | 김진숙(72) | 김현자 | 김현제 |
| 김형준 | 김형희 | 김희대 | 맹국재 | 문영희 | 박미라 | 박수영 | 박우진 | 박원빈 | 박정근 |
| 박태준 | 박현주 | 백선옥 | 서도식 | 성민주 | 손창인 | 손혜민 | 송민호 | 송봉근 | 송상호 |
| 송찬섭 | 신미경 | 신성은 | 신영옥 | 신재순 | 심명은 | 안η돈 | 양은경 | 오현주 | 오현주(62) |
| 우현정 | 원해자 | 유미소 | 유효경 | 이경선 | 이경진 | 이명옥 | 이봉규 | 이봉철 | 이선순 |
| 이선희 | 이수민 | 이수은 | 이순희 | 이승목 | 이승준 | 이신자 | 이은수 | 이재환 | 이정민 |
| 이지희 | 이진희 | 이평순 | 임경미 | 임우식 | 장세백 | 장영재 | 전일순 | 정삼아 | 정은숙 |
| 정태윤 | 정태흡 | 정현석 | 조동제 | 조명화 | 조문숙 | 조민아 | 조백현 | 조범규 | 조성덕 |
| 조정희 | 조진희 | 조태현 | 주은영 | 천병희 | 최광호 | 최세실리아 | | 최승렬 | 최승아 |
| 최이담 | 최정옥 | 최효임 | 한대규 | 허 광 | 허 민 | 홍순혁 | 홍은규 | 홍정수 | 황경화 |
| 황정숙 | 황훈성 | 정암학당1년후원 | | | | | | | |

문교경기〈처음처럼〉　　　문교수원3학년학생회　　　　문교안양학생회　　　문교경기8대학생회
문교경기총동문회　　　　문교대전충남학생회　　　　문교베스트스터디　　문교부산지역7기동문회
문교부산지역학우일동(2018)　문교안양동문(2024)　　　　문교안양학습관　　　문교인천동문회
문교인천지역학생회　　　방송대동아리〈아노도스〉　　방송대동아리〈예사모〉
방송대동아리〈프로네시스〉　사가독서회
(개인 132, 단체 17, 총 149)


## 후원회원

| | | | | | | | | |
|---|---|---|---|---|---|---|---|---|
| 강경훈 | 강경희 | 강규태 | 강보슬 | 강상훈 | 강선옥 | 강성만 | 강성심 | 강신은 | 강유선 |
| 강은미 | 강은정 | 강임향 | 강창조 | 강 항 | 강희석 | 고강민 | 고경효 | 고복미 | 고숙자 |
| 고승재 | 고창수 | 고효순 | 공경희 | 곽범화 | 곽수미 | 구본호 | 구익희 | 권 강 | 권동명 |
| 권미영 | 권성철 | 권순복 | 권순자 | 권오경 | 권오성 | 권오영 | 권용석 | 권원만 | 권정화 |
| 권해명 | 권혁민 | 김건아 | 김경미 | 김경원 | 김경화 | 김광석 | 김광성 | 김광택 | 김광호 |
| 김귀종 | 김길화 | 김나경(69) | 김나경(71) | 김남구 | 김대영 | 김대훈 | 김동근 | 김동찬 | 김두훈 |
| 김 들 | 김래영 | 김명주(1) | 김명주(2) | 김명하 | 김명화 | 김명희63 | 김문성 | 김미경(61) | 김미경(63) |
| 김미숙 | 김미정 | 김미형 | 김민경 | 김민웅 | 김민주 | 김범석 | 김병수 | 김병옥 | 김보라미 |
| 김봉습 | 김비단결 | 김선규 | 김선민 | 김선희(66) | 김성곤 | 김성기 | 김성은 | 김성은(2) | 김세은 |
| 김세원 | 김세진 | 김수진 | 김수환 | 김숙현 | 김순금 | 김순호 | 김순희(2) | 김시인 | 김시형 |
| 김신태 | 김신판 | 김승원 | 김아영 | 김양식 | 김영선 | 김영숙(1) | 김영숙(2) | 김영애 | 김영준 |
| 김영효 | 김옥주 | 김용술 | 김용한 | 김용희 | 김유석 | 김은미 | 김은심 | 김은정 | 김은주 |
| 김은파 | 김인식 | 김인애 | 김인욱 | 김인자 | 김일학 | 김정식 | 김정현 | 김정현(96) | 김정희(1) |

| | | | | | | | | |
|---|---|---|---|---|---|---|---|---|
| 김정희(2) | 김정훈 | 김종태 | 김종호 | 김종희 | 김주미 | 김중우 | 김지수(2) | 김지애 | 김지열 |
| 김지유 | 김진숙(71) | 김진태 | 김충구 | 김철한 | 김태식 | 김태욱 | 김태헌 | 김태훈 | 김태희 |
| 김명화 | 김하윤 | 김한기 | 김현규 | 김현숙(61) | 김현숙(72) | 김현우 | 김현정 | 김현정(2) | 김현중 |
| 김현철 | 김형규 | 김형전 | 김혜숙(53) | 김혜숙(60) | 김혜원 | 김혜정 | 김홍명 | 김홍일 | 김희경 |
| 김희성 | 김희정 | 김희준 | 나의열 | 나춘화 | 나혜연 | 남수빈 | 남영우 | 남원일 | 남지연 |
| 남진애 | 노마리아 | 노미경 | 노선이 | 노성숙 | 노채은 | 노혜경 | 도진경 | 도진해 | 류남형 |
| 류다현 | 류동춘 | 류미희 | 류시운 | 류연옥 | 류점용 | 류종덕 | 류지아 | 류진선 | 모영진 |
| 문경남 | 문상흠 | 문순현 | 문영식 | 문정숙 | 문종선 | 문준혁 | 문찬혁 | 문행자 | 민 영 |
| 민용기 | 민중근 | 민해정 | 박경남 | 박경수 | 박경숙 | 박경애 | 박귀자 | 박규철 | 박다연 |
| 박대길 | 박동심 | 박명화 | 박문영 | 박문형 | 박미경 | 박미숙(67) | 박미숙(71) | 박미자 | 박미정 |
| 박믿음 | 박배민 | 박보경 | 박상선 | 박상윤 | 박상준 | 박선대 | 박선영 | 박성기 | 박소운 |
| 박수양 | 박순주 | 박순희 | 박승억 | 박연숙 | 박영찬 | 박영호 | 박옥선 | 박원대 | 박원자 |
| 박유정 | 박윤하 | 박재준 | 박재학 | 박정서 | 박정오 | 박정주 | 박정은 | 박정희 | 박종례 |
| 박주현 | 박주형 | 박준용 | 박준하 | 박지영(58) | 박지영(73) | 박지창 | 박지희(74) | 박지희(98) | 박진만 |
| 박진선 | 박진헌 | 박진희 | 박찬수 | 박찬은 | 박춘례 | 박태안 | 박한종 | 박해윤 | 박헌민 |
| 박현숙 | 박현자 | 박현정 | 박현철 | 박형전 | 박혜숙 | 박홍기 | 박희열 | 반덕진 | 배기완 |
| 배수영 | 배영지 | 배제성 | 배효선 | 백기자 | 백선영 | 백수영 | 백승찬 | 박애숙 | 백현우 |
| 변은섭 | 봉성용 | 서강민 | 서경식 | 서근영 | 서두원 | 서민정 | 서범준 | 서봄이 | 서승일 |
| 서영식 | 서옥희 | 서용심 | 서원호 | 서월순 | 서정원 | 서지희 | 서창립 | 서회자 | 서희승 |
| 석현주 | 설진철 | 성윤수 | 성지영 | 소도영 | 소병문 | 소상욱 | 소선자 | 손금성 | 손금화 |
| 손동철 | 손민석 | 손상현 | 손정수 | 손지아 | 손태현 | 손한결 | 손혜정 | 송금숙 | 송기섭 |
| 송명화 | 송미희 | 송복순 | 송석현 | 송연화 | 송염만 | 송원욱 | 송원희 | 송용석 | 송유철 |
| 송인애 | 송진우 | 송태욱 | 송효정 | 신경원 | 신경준 | 신기동 | 신명우 | 신민주 | 신상하 |
| 신성호 | 신영미 | 신용균 | 신정애 | 신지영 | 신혜경 | 심경옥 | 심복섭 | 심은미 | 심은애 |
| 심재윤 | 심정숙 | 심준보 | 심희정 | 안건형 | 안경화 | 안미희 | 안숙현 | 안영숙 | 안정숙 |
| 안정순 | 안진구 | 안진숙 | 안화숙 | 안혜정 | 안희경 | 안희돈 | 양경엽 | 양미선 | 양병만 |
| 양선경 | 양세규 | 양예진 | 양지연 | 양현서 | 엄순영 | 오명순 | 오승현 | 오신명 | 오영수 |
| 오영순 | 오유석 | 오은영 | 오진세 | 오창진 | 오혁진 | 옥명희 | 온정민 | 왕현주 | 우남권 |
| 우 람 | 우병권 | 우은주 | 우지호 | 원만희 | 유두신 | 유미애 | 유성경 | 유승현 | 유정모 |
| 유정원 | 유 철 | 유향숙 | 유희선 | 윤경숙 | 윤경자 | 윤선애 | 윤수홍 | 윤여훈 | 윤영미 |
| 윤영선 | 윤영이 | 윤에스더 | 윤 옥 | 윤은경 | 윤재은 | 윤정만 | 윤혜영 | 윤혜진 | 이건호 |
| 이경남(1) | 이경남(72) | 이경미 | 이경아 | 이경옥 | 이경원 | 이경자 | 이경희 | 이관호 | 이광로 |
| 이광석 | 이군무 | 이궁훈 | 이권주 | 이나영 | 이다연 | 이덕제 | 이동래 | 이동조 | 이동춘 |
| 이명란 | 이명순 | 이미옥 | 이민희 | 이병태 | 이복희 | 이상규 | 이상래 | 이상봉 | 이상선 |
| 이상훈 | 이선민 | 이선이 | 이성은 | 이성준 | 이성호 | 이성훈 | 이성희 | 이세준 | 이소영 |
| 이소정 | 이수경 | 이수련 | 이숙희 | 이순옥 | 이승훈 | 이승훈(79) | 이시현 | 이양미 | 이연희 |
| 이영민 | 이영숙 | 이영실 | 이영신 | 이영애 | 이영애(2) | 이영철 | 이영호(43) | 이옥경 | 이용숙 |
| 이용안 | 이용웅 | 이용찬 | 이용태 | 이원용 | 이유진 | 이윤열 | 이윤주 | 이윤철 | 이은규 |
| 이은심 | 이은정 | 이은주 | 이이숙 | 이인순 | 이재현 | 이정빈 | 이정석 | 이정선68 | 이정애 |
| 이정임 | 이종남 | 이종민 | 이종복 | 이준호 | 이중근 | 이지석 | 이지현 | 이진아 | 이진우 |

| | | | | | | | | |
|---|---|---|---|---|---|---|---|---|
| 이창용 | 이철주 | 이춘성 | 이태곤 | 이태목 | 이평식 | 이표순 | 이한솔 | 이 혁 | 이현주(1) |
| 이현주(2) | 이현호 | 이혜영 | 이혜원 | 이호석 | 이호섭 | 이화선 | 이희숙 | 이희정 | 임미정 |
| 임석희 | 임솔내 | 임정환 | 임창근 | 임현찬 | 장모범 | 장선희 | 장시은 | 장영애 | 장오현 |
| 장재희 | 장지나 | 장지원(65) | 장지원(78) | 장지은 | 장철형 | 장태순 | 장해숙 | 장흥순 | 전경민 |
| 전다록 | 전미래 | 전병덕 | 전석빈 | 전영석 | 전우성 | 전재혁 | 전우진 | 전종호 | 전진호 |
| 정경회 | 정계란 | 정금숙 | 정금연 | 정금이 | 정금자 | 정난진 | 정미경 | 정미숙 | 정미자 |
| 정상묵 | 정상준 | 정선빈 | 정세영 | 정아연 | 정양민 | 정양욱 | 정 연 | 정연화 | 정영목 |
| 정영훈 | 정옥진 | 정용백 | 정우정 | 정유미 | 정은정 | 정일순 | 정재연 | 정재웅 | 정정녀 |
| 정지숙 | 정진화 | 정창화 | 정하갑 | 정현진 | 정은교 | 정해경 | 정현주 | 정현지 | 정호영 |
| 정환수 | 조권수 | 조길자 | 조덕근 | 조미선 | 조미숙 | 조병진 | 조성일 | 조성혁 | 조수연 |
| 조슬기 | 조영래 | 조영수 | 조영신 | 조영연 | 조영호 | 조예빈 | 조용수 | 조용준 | 조윤정 |
| 조은진 | 조정란 | 조정미 | 조정옥 | 조정원 | 조중윤 | 조창호 | 조황호 | 주봉희 | 주연옥 |
| 주은빈 | 지정훈 | 진동성 | 차문송 | 차상민 | 차혜진 | 채장열 | 천동환 | 천명옥 | 최경식 |
| 최명자 | 최미경 | 최보근 | 최석묵 | 최선희 | 최성준 | 최수현 | 최숙현 | 최연우 | 최영란 |
| 최영순 | 최영식 | 최원옥 | 최유숙 | 최유진 | 최윤정(66) | 최은경 | 최일우 | 최자련 | 최재식 |
| 최재원 | 최재혁 | 최정욱 | 최정호 | 최정환 | 최종희 | 최준원 | 최지연 | 최진욱 | 최혁규 |
| 최현숙 | 최혜정 | 하승연 | 하혜용 | 한미영 | 한생곤 | 한선미 | 한연숙 | 한옥희 | 한윤주 |
| 한호경 | 함귀선 | 허미정 | 허성준 | 허 양 | 허 웅 | 허인자 | 허정우 | 홍경란 | 홍기표 |
| 홍병식 | 홍성경 | 홍성규 | 홍성은 | 홍순아 | 홍영환 | 홍은영 | 홍의중 | 홍지흔 | 황경민 |
| 황광현 | 황미영 | 황미옥 | 황선영 | 황신해 | 황은주 | 황재규 | 황정희 | 황현숙 | 황혜성 |
| 황희수 | kai1100 | 익명 | | | | | | | |

리테라 주식회사　　　　　　　　문교강원동문회　　　　　　　　문교강원학생회　　　　　문교경기 〈문사모〉
문교경기동문 〈문사모〉　　　　　문교서울총동문회　　　　　　　문교원주학생회　　　　　문교잠실송파스터디
문교인천졸업생　　　　　　　　문교전국총동문회　　　　　　　문교졸업생　　　　　　　문교8대전국총학생회
문교11대서울학생회　　　　　　문교K2스터디　　　　　　　　　서울대학교 철학과 학생회
(주)아트앤스터디　　　　　　　영일통운(주)　　　　　　　　　장승포중앙서점(김강후)　　　책바람

(개인 733, 단체 19, 총 752)

2024년 9월 25일 현재, 1,154분과 47개의 단체(총 1,201)가 정암학당을 후원해 주고 계십니다.

## 지은이
## 플로티누스(Plotinus, 205~270)

아마도 이집트에서 태어났을 것이다. 28세에 철학에 뜻을 세우고 알렉산드리아로 갔으며 플라톤주의자 암모니오스 사카스를 만나 11년간 사사했다. 인도와 페르시아 철학에 대한 관심으로 243년 로마 황제 고르디아누스 3세를 따라 동방 원정길에 올랐다고 전한다. 황제의 암살로 원정이 무산되자 안티오코스로 피신했다가 244년 로마에 정착했다. 귀족 게미나의 집에 머물며 고아들을 돌보았고, 사설 학원을 열었다. 플로티누스의 학원은 성, 인종, 직종의 차별 없이 모두에게 개방되었다. 그의 문하에는 직업적 철학자들도 있었지만, 의사와 문인 등 다른 직업을 지닌 수강생들도 있었다. 원로원 회원들과 갈리에누스 황제(253~268 재위) 부부도 청강했다고 전한다. 그는 황제에게 플라톤의 '법률'에 따라 사는 플라토노폴리스(Platonopolis)의 건설을 제안했다. 플로티누스는 플라토노폴리스의 꿈은 이룰 수 없었지만, 서양 고대 철학의 다양한 전통을 비판적으로 통합하여 오늘날 '신플라톤주의'라 불리는 사조를 수립했다. 269년 지병이 악화되어 캄파니아로 은퇴한 후 이듬해 숨을 거두었다.

## 옮긴이
## 송유레

서울대학교에서 불어교육을 전공하고 철학을 부전공한 후, 같은 학교 대학원 철학과에서 석사학위를 받았다. 독일 함부르크 대학교에서 플로티누스의 윤리학 연구로 박사학위를 받았다. 서울대학교 인문학연구원 HK교수를 거쳐 지금은 경희대학교 철학과 교수로 재직 중이다. 옮긴 책으로 아리스토텔레스의 「에우데모스 윤리학」과 E. R. 도즈의 「불안의 시대 이교도와 기독교인」이 있고, 주요 논문으로는 「덕의 미메시스 ― 플라톤의 시(詩) 개혁」, 「악덕의 자발성 ― 아리스토텔레스의 반-소크라테스적 논증」, 「플로티누스의 세계제작자: 플라톤의 「티마이오스」의 탈신화적 해석」, 「갈레노스의 인간애 관념과 의술의 목적」 등이 있다.

**정암고전총서**는 정암학당과 아카넷이 공동으로 펼치는 고전 번역 사업입니다. 고전의 지혜를 공유하여 현재를 비판하고 미래를 내다보는 안목을 키우는 문화적 기반을 마련하고자 합니다.

정암고전총서 03
## 아름다움에 관하여

**1판 1쇄 펴냄** 2024년 11월 1일
**1판 2쇄 펴냄** 2024년 12월 18일

**지은이** 플로티누스
**옮긴이** 송유레
**펴낸이** 김정호

**책임편집** 박수용
**디자인** 이대응

**펴낸곳** 아카넷
출판등록 2000년 1월 24일(제406-2000-000012호)
주소 10881 경기도 파주시 회동길 445-3 2층
전화 031-955-9510(편집) · 031-955-9514(주문)
팩스 031-955-9519
www.acanet.co.kr

© 송유레, 2024

Printed in Paju, Korea.

ISBN 978-89-5733-950-3 94160
ISBN 978-89-5733-609-0(세트)